历史穿越报

变法先锋 商鞅

彭凡 编著

化学工业出版社

·北京·

图书在版编目（CIP）数据

变法先锋商鞅 / 彭凡编著. -- 北京 ：化学工业出
版社，2025. 6. --（历史穿越报）. -- ISBN 978-7-122-
47846-7

Ⅰ. B226.25-49

中国国家版本馆 CIP 数据核字第 2025Q6H692 号

BIANFA XIANFENG SHANGYANG

变法先锋商鞅

责任编辑：隋权玲　　　　　　　　　　装帧设计：孙　沁
责任校对：李露洁

出版发行：化学工业出版社（北京市东城区青年湖南街 13 号　邮政编码 100011）
印　　装：天津市豪迈印务有限公司
710mm×1000mm　1/16　印张 9½　字数 90 千字　2025 年 9 月北京第 1 版第 1 次印刷

购书咨询：010-64518888　　　　　　　售后服务：010-64518899
网　　址：http://www.cip.com.cn
凡购买本书，如有缺损质量问题，本社销售中心负责调换。

定　　价：39.80 元　　　　　　　　　　　　　　版权所有　违者必究

前言

在中国历史上，有这样一群人：他们居于一人之下，万人之上，或高居庙堂，指点江山；或驰骋沙场，大杀四方。

他们是君王治国最得力的助手，是百姓安居最可靠的倚仗。

他们的一举一动，都关系到天下治乱，国家兴亡。

他们是武官的表率，是文官的典范。

他们的无限风光和荣耀，不能不令人产生无尽的好奇和向往。究竟是怎样的人生经历，才成就了那样夺目的辉煌？

他们的风光背后，是否还有不为人所知的辛酸和坎坷？

机关权谋背后，是否也有无奈的叹息？

铮铮铁骨之后，是否也有儿女柔情？

为了搞清楚这些问题，我们的穿越报团队再次出发，穿越到历史的各个时空，实时记录这些大人物传奇的一生。

历经九死一生后，我们终于带回了成果，就是这套"历史穿越报"。这套书分别记录了商鞅、项羽、卫青、曹操、诸葛亮、狄仁杰、苏轼、岳飞、戚继光、曾国藩等名臣或名将的成长历程。

每个分册分为 12 期内容，每期都有五花八门、精彩纷呈的栏目。

"龙虎风云"和"顺风快讯"是主打栏目，用来记录这些大人物一生中的重大事件，见证他们的大起大落，大喜大悲。

　　"百姓茶馆"是我们搜集到的当时百姓的言论，各种小道消息，八卦趣闻，应有尽有。

　　"快马传书"是来信栏目，古人将他们的烦恼和困扰写到信中，寄到编辑部，由最贴心的编辑穿穿为他们出谋划策，排忧解难。

　　"名人来了"是一个采访栏目，由大嘴记者越越负责。他将直接与大人物对话，挖掘和探索他们的内心世界。

　　除此以外，还有"绝密档案""超级辩论""广告小铺""嘻哈乐园"等精彩栏目。

　　我们希望读者在看完这套书后，不仅能了解这些大人物跌宕起伏的一生，还能学习到他们非凡的智慧和勇气，并以他们为榜样，立志成为和他们一样卓越的人。

第3期　秦王求贤

第4期　四见孝公

目录

第7期　初试锋芒

第8期　二次变法

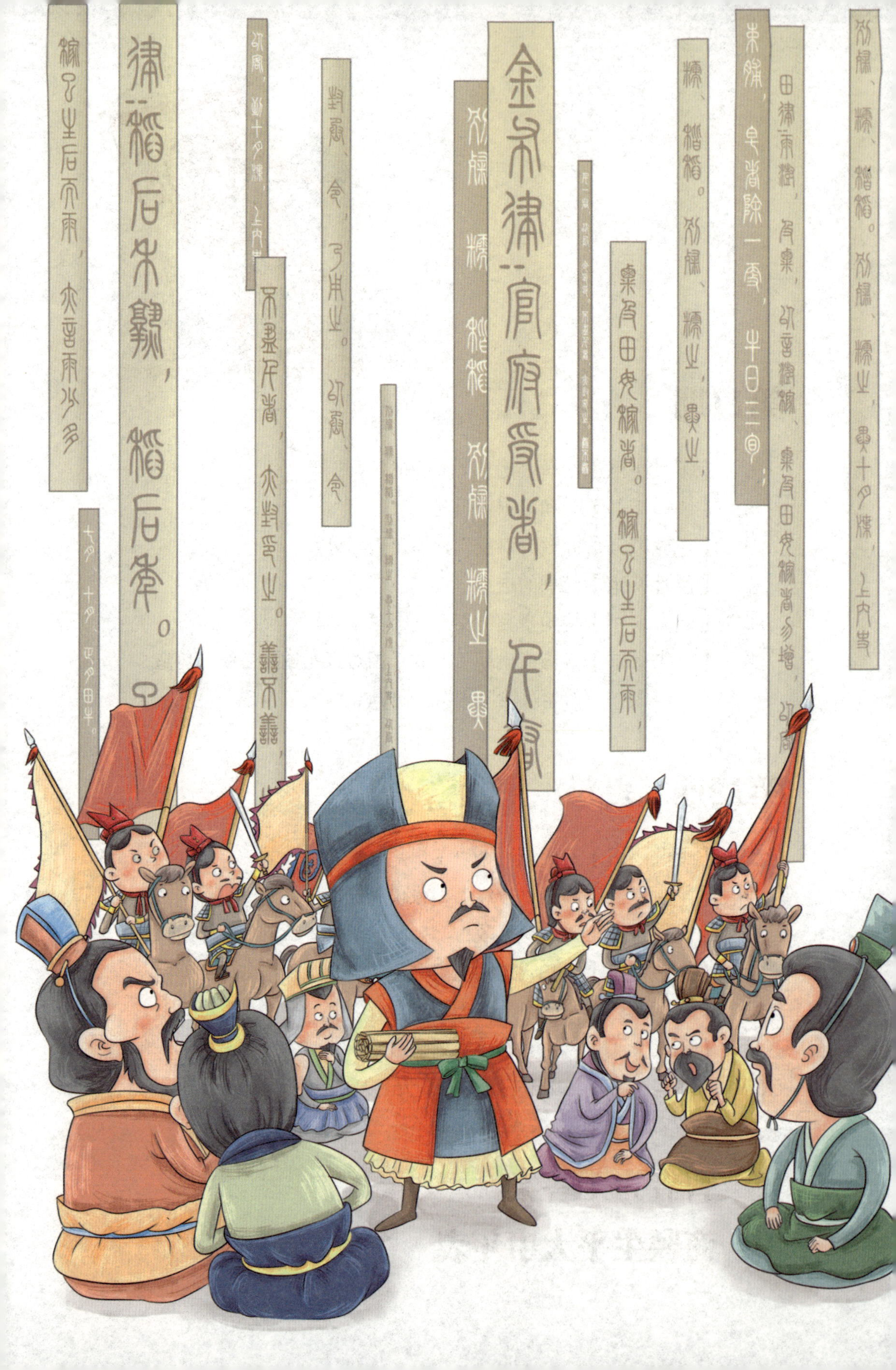

第 1 期

公元前453年—公元前381年

变法先驱

春秋战国时期，礼崩乐坏，周天子名存实亡，各诸侯国之间战争不断。为增强国力，魏国、楚国分别任用李悝、吴起等人相继进行变法。其中，李悝变法揭开战国时代变法的序幕，为吴起、商鞅等后续变法提供了范本。

"百家争鸣"，一场没有硝烟的战争

——一则特别的消息

（本报讯）春秋末年，周天子名存实亡，诸侯争霸不断。至战国时期，通过兼并战争，中华大地只剩下十余个诸侯国。

为了富国强兵，逐鹿中原，各国纷纷打破世袭贵族垄断，招贤纳士，甚至破格授予高位。

一则特别的消息！

读书人得到鼓励，纷纷提出自己的政治主张，或游说列国，或开课讲学，或著书立说，或辅佐诸侯，渐渐形成了儒家、墨家、道家以及法家等不同的学派。

其中，儒家主张要礼治，要仁爱；墨家主张要"兼爱""非攻"，反对一切侵略战争；道家主张顺其自然，"无为而治"；法家则认为，礼治、人治、无为而治都没有用，只有法治有用……

由于主张不一，为了说服彼此，大家一个个唇枪舌剑，互不相让（史称"百家争鸣"）。那场景，比起刀光剑影的战场，也毫不逊色。

那么，在这场没有硝烟的战争中，哪家会取得胜利呢？

魏国变法图强，后来居上

公元前453年，原为中原霸主的晋国，被韩、赵、魏三家瓜分（即后来的韩、赵、魏三国）。

其中，魏国地处中原，西南方是韩国，北边是强大的赵国，西边是一河之隔的秦国，南边是秦、楚、郑三国都想争夺的陕地，可说是四面受敌，一不留神，就会被周边其他国家吃掉。

魏斯（史称魏文侯）即位后，为了让魏国强大起来，一边与韩、赵结盟，一致对外；一边搜罗人才，变法图强。

政治上，他任用李悝（kuī，又称李克）为相，大力发展生产，废除贵族世袭制度，选贤任能，让有才能的人担任重要官职，有功劳的人享受优厚俸禄，赏罚分明，吸引了大批有才干的人。

军事上，他任用吴起为将，训练出一支能征善战的魏武卒，攻掠秦国、楚国，之后以区区几万人打败秦军，占领了原本属于秦国的河西地区，令秦人举国震惊。

通过这场变法，小小的魏国以前所未有的速度，坐上了战国时期头号强国的交椅，威震天下。

与此同时，韩、赵两国也日益强大，晋国国君被晾在一边。周天子于是干脆送了个顺水人情，于公元前403年正式册封三家为诸侯（史称三家分晋）。

就这样，韩、赵、魏（史称三晋）三国取代晋国，加上秦、齐、楚、燕四个大国，形成了一个新的组合——"战国七雄"。

李悝为维护《法经》自杀

不得了啦！相国李悝大人写了封遗书，自杀了！这变法大获成功，大王重视他，民众仰慕他，他也算是功成名就了，怎么就自杀了呢？

李悝粉丝会会长

是不是自杀还真不好说。你想想，大王死了一年他就死了，也太巧了不是？我想，会不会是因为他的变法得罪了贵族，现在没有靠山了，就被人暗杀了呢？

李悝粉丝会会员小百

我听说前段时间，李悝在审理一个案件的时候，有个犯人招供说，三年前有一个杀人案也是他做的。可三年前那个案件也是李悝审理的，而且已经定案。这就意味着李悝当时冤枉了好人，把无辜的人杀死了。

**监狱看守
小张**

可不，李悝编的《法经》（据说这是中国古代第一部比较完整的法典，可惜已经失传）不是遵循法家"刑过不避大臣，赏善不遗匹夫"的原则吗？这要是根据《法经》的制度，那他就犯了死罪。为了维护《法经》的尊严，他就写了封遗书，引咎自杀了。

**监狱看守
小王**

我该何去何从

编辑老师：

您好！我是吴起，现在镇守河西。在这期间，我与诸侯大战七十六场，共胜六十四场，其他的也大都打了个平手，可说是战功赫赫。

李悝等变法功臣谢世后，我以为，整个朝廷只有我才有资格做相国。然而，魏击（即魏武侯）却让我失望了，他先后任命田文、公叔痤为相，就是不重用我。

更让我失望的是，魏武侯七年（前389年），我率领五万从未立过功的魏兵，再次打败秦军的五十万大军。大王不仅不给予我封赏，还听信奸臣的谗言，猜忌我，打击我。

现在，对于魏国我已经失望透顶。你说，我该何去何从呢？

吴起

吴将军：

您好！我知道您从小就有个梦想，那就是封卿拜相。

为了这个梦想，您的母亲去世，您没有回家奔丧，被老师逐出师门；齐鲁交战时，您杀了自己出身齐国的妻子，以博取鲁国国君的信任；作战时，您同最下等的士兵同吃同住，同甘共苦；士兵生了毒疮时，您甚至亲自替他吮吸脓血……您付出了这么多，却仍然没有换来您想要的东西，所以您心有不甘。

可是，我要告诉您的是，在生命面前，再大的梦想都不值一提。既然大王已经对您心生猜忌，如果您再在魏国待下去，非但不能拜相，甚至连小命也可能保不住啊！

编辑★穿穿

编辑部

军神吴起楚国变法

公元前387年，吴起离开魏国，向南去了楚国。

楚悼王得了吴起，如获至宝，立刻任命他为令尹（楚国最高官职，相当于相国），实行大刀阔斧的变法。

楚国地大物博，人口众多，是诸侯国中面积最大、最先称王的国家。但楚国贵族的势力非常强大，不仅垄断了楚国高级官职，还占据了大量封地，以致民不聊生，饿殍遍野。

吴起变法的第一步，就是取消贵族世袭制，把贵族打发到地广人稀的偏远地区去发光发热。

贵族养尊处优惯了，突然变为平民，气得要命，纷纷站出来抵制新法，幸好都被楚悼王压下去了。

有国君做靠山，变法很快取得了成效——王公贵族不敢胡作非为了，国库充实了，军队强大了，向南平定了百越，向北吞并了陈国和蔡国，还向西对秦国发起了进攻，形势一片大好。

可就在楚国踌躇满志的时候，楚悼王却突然病死了！

原本痛恨吴起的王公贵族立刻发动兵变，要杀掉吴起。

吴起中了箭无路可逃，只好伏到楚悼王的尸体上，大喊："大胆叛贼，休得谋害我王！"

楚国有明文规定，伤害国君的尸体是重罪，会被诛灭三族。

可这些王公贵族恨透了他，最后还是刀箭齐发，把吴起射成了刺猬。楚国变法就此失败。

越越（简称越）大嘴记者

吴起（简称吴）特约嘉宾

嘉宾简介：现任楚国令尹，曾先后在鲁国、魏国任大将。他从小深谙兵法，是个彻彻底底的野心家，也有着与野心相匹配的能力，上马能打仗（吴起与后世的孙膑合称"孙吴"），下马能治国，但因为名声不好，一直得不到重用。

越：大人，听说您是卫国人？

吴：对。

越：人人都说家乡好，你为什么要离开卫国呢？

吴：唉，如果家乡真的好，又有谁愿意离开呢？

越：不是吧，卫国以前挺不错的呀，一开始还是周天子的亲弟弟康叔封的封地，有着中原最肥沃的土地，最富裕的城邑，是个很不错的国家。

吴：是啊，那时候，秦国连块地都没有呢！

越：那怎么才数百年的工夫，卫国就衰落成这样了呢？

吴：小记者有所不知，我们卫国自建国以来，就没有几个国君是正常继位的，每隔二十多年，就要发生一次弑君篡位的事件。你听说过卫懿公吧？

越：卫懿公？听说他一天到晚就知道养鹤，对他的鹤比对自己的百姓还好。所以等到外敌入侵的时候，没有一个老百姓愿意去给他卖命。结果，连他自己都惨死在乱军当中了。

吴：别说了，自那以后，卫国就频频被他国欺负，土地越来

越少，人口也越来越少。就连我们国君朝拜其他国君时，用的也是臣子之礼。可悲吧？

越：那老百姓岂不是更抬不起头？

吴：更可悲的是，卫国上上下下这几百年好像都习惯了，不反抗，也不变通。现在抱上了魏国这条大腿，成了它的附属国，就更不思进取了。

越：你这么有能力，为什么不在卫国来一场变法呢？

吴：哈哈，我倒是想啊，可卫国没有我们法家的用武之地。

越：为何？

吴：卫国的治国之道受墨家影响，主张"兼爱""非攻"。意思是，就算你夺了我的地，抢了我的人，我也绝对不找你报仇。

越：哦，原来卫国人是和平爱好者。

吴：哈哈，在这个弱肉强食的年代爱好和平？那恐怕离亡国的日子不远了。

越：那你们法家主张的是什么？

吴：法家主张以法治国，一个人有没有功劳，能不能受到惩罚，由法令来裁定。谁要不遵守律法，谁就玩完。

越：唉，人家提出来的主张，是救国的药方，只是药而已；你们法家献上的主张，却是一把刀，一把要人命的刀啊！

吴：没错。别人的主张要实现，动动嘴皮子即可，但法家的主张要实现，不仅要别人的命，还有可能要自己的命！

越：难道……您已做好了为变法而牺牲的准备？

吴：有何不可？

越：佩服！佩服！那祝您宏图大展，马到成功！

本文采访于吴起在楚国变法之前。

广告小铺

推广《法经》

为保护变法成果，现集各国法令之大成，推出《法经》一书。本书共六篇，分别是《盗法》《贼法》《捕法》《囚法》《杂法》《具法》。

希望大家悉心研读，配合官府以法治国，不论亲疏，不论贵贱，皆以此法为准。请大家知悉。

大魏相国兼《法经》编者 李悝

告大魏百姓书

为配合变法，即日起，所有本国居民必须登记在册，登记的内容包括姓名、性别及出生年月等。

大魏官府

招武卒啦

你能拉开十二石的弓吗？你能背上可装五十支箭矢的器具吗？你能头戴盔帽、腰挂利剑、带三天的干粮半天疾行一百里吗？

如果能，请加入我们，成为一名光荣的武卒（魏国的一种步兵）吧！凡是成为武卒的人，国家将免除他家里所有的徭役和宅田税。哪怕你退役了，依然能享受这种优待！

魏武卒训练营

卫鞅离卫

穿越必读 CHUANYUE BIDU

众所周知，秦国的崛起，离不开商鞅变法。但很多人不知道，商鞅并不是秦国人，而他去的第一站也并不是秦国。那么，他是谁？来自何方？下面，让我们一起去探究一下吧。

秦献公归秦

——来自秦国的特别消息

来自秦国的
特别消息！

（本报讯）公元前387年，秦国国君秦惠公去世，他两岁的儿子即位为秦出公。由于秦出公年纪太小，政权便落入秦出公母亲的手中。

大臣们对此十分不满，于是在公元前385年发动政变，杀害秦出公母子，召回了在魏国流亡的公子连，即秦献公。

秦献公的父亲原本是秦国国君秦灵公。秦灵公死后，秦国发生动乱，原本属于秦献公的王位被夺走，秦献公这才被迫离开秦国，去了魏国。

流亡魏国三十年，秦献公目睹了变法给魏国带来的巨大变化，回国即位后，他做了几件大事——

废除活人殉葬制度；将国都迁至前线栎阳（今陕西西安市内），以表示自己夺回河西的决心；将全国人口按"户籍相伍"的原则编制户籍，每五户人家编为一"伍"（古代最小的军队编制单位），农闲时进行军事训练；等等。

这些措施大大增强了秦军的战斗力，也让他获得了全国上下的一致拥护。于是，秦献公把目标对准了他的老邻居——魏国……

我该不该离开卫国？

编辑老师：

　　您好。我是卫国公族之后卫鞅，也有人叫我公孙鞅（诸侯的统称为"公"，所以诸侯的儿子称"公子"，孙子称"公孙"）。光看名字，别人都以为我是王孙贵族。事实上，我家家道中落，到我父辈这一代，已经沦为平民了。

　　我自幼喜欢研究刑名之学（即法家学说），希望能像我的偶像李悝那样，利用平生所学，帮助一个国家变得强大起来。可这些年，别的国家都在变法图强，只有我们卫国得过且过，靠抱魏国大腿生存，让人失望透顶。

　　所以，我打算离开卫国，去别的国家实现我的梦想。你说，我该去哪里呢？

卫鞅

卫鞅先生：

　　您好。我支持您的决定。人的一生是短暂的，要想使自己有限的生命发挥无限的价值，就必须选择一个适合自己的平台。但是哪个平台比较适合您呢？

　　楚国经过吴起变法后，估计不会欢迎您。齐国虽然繁荣富庶，但老百姓只听齐王一个人的，齐王的命令就是律法，稍不听话就有可能脑袋搬家，危险系数很高。

　　看来看去，只有魏国最适合您。运气好的话，得到魏王重用，就能青云直上；就算不能做官，您也可以研究一下李悝的《法经》，看看魏国人是怎么运用的。

　　不过，无论去哪里，您的一切都会从零开始，希望您能做好这个心理准备。祝您成功！

编辑★穿穿

跟了一个大红人

公元前362年，魏国相国公叔痤率军大战韩、赵联军，打了大胜仗。

国君魏䓨（魏武侯之子，后称魏惠王）喜不自胜，不仅亲自到郊外迎接，还赐给公叔痤一百万亩良田。

不过，公叔痤没有接受，他说："骁勇善战的将士是当年吴起训练的，完美无缺的作战方案是部下提供的，奖惩分明的军法是大王制定的。要赏赐就赏赐他们和吴起的后人吧，我不过是带领将士们上战场的人罢了，算不上什么有功之人。"

魏惠王听了这番话，更加高兴了，赞道："公叔痤真是一个有德行的人啊！他不仅替我战胜强大的敌人，还能提醒我别忘了那些贤能之臣的后人，不掩盖将士们的功劳。这样的人，我怎么能不赏他呢！"于是魏惠王大笔一挥，最终赐给公叔痤一百四十万亩良田。

一时间，公孙痤风头无两。

据了解，卫鞅来到魏国后，正是投在公叔痤门下，做了他的家臣。大家都说，跟着公叔痤这么个大红人，卫鞅迟早会出人头地！

只是，这一天什么时候会来到呢？

团队的贡献才是最大的！

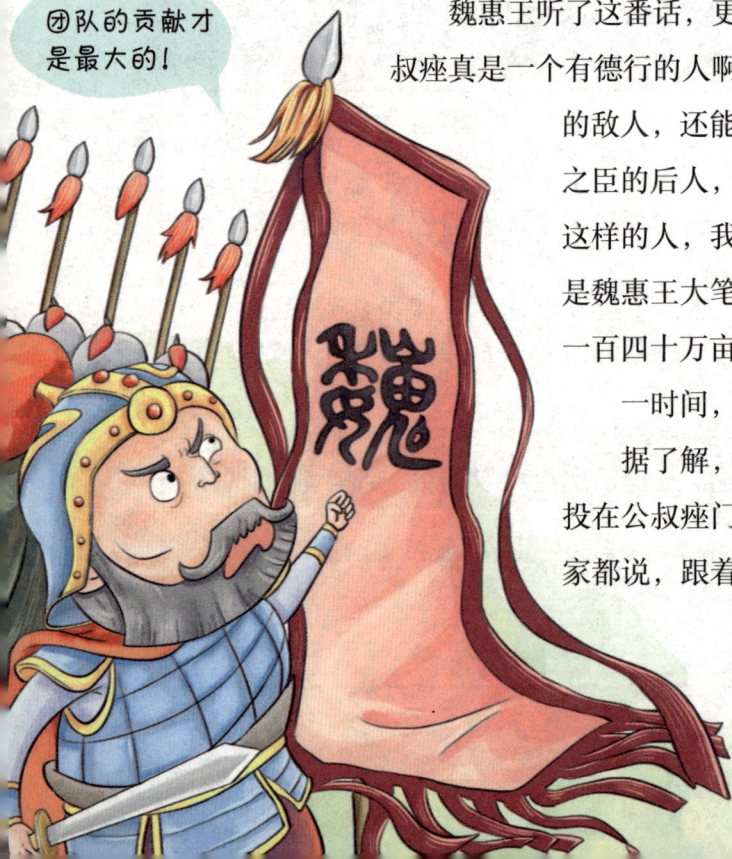

我极力推荐卫鞅！

公叔痤临死荐贤才

公元前362年秋天，一个爆炸性的消息从黄河边传来——

上半年才打了胜仗的公叔痤，在与秦军的少梁（今陕西省韩城市）一战中战败，还做了俘虏！虽然他最后被秦国放了回来，但心高气傲的他经此打击，竟一病不起了。

相国要是有什么不测，魏国该怎么办呢？魏惠王急得不行，当即以探病为由，跑去向公叔痤请教。

公叔痤回答说："我的中庶子卫鞅虽然年轻，但很有才能，可以接替我治理国家。"

魏惠王听了，一声不吭，既没表示同意，又没表示反对。

公叔痤看穿了魏惠王的心思，就屏退左右，说："大王，这卫鞅才华出众，如果您不想重用他，那就最好是杀了他，不要让他离开魏国。以他的才能，一旦被别国重用，就会对魏国造成很大的威胁。"魏惠王这才答应。

但魏惠王走后，公叔痤又后悔不已，难道就这样让魏王把

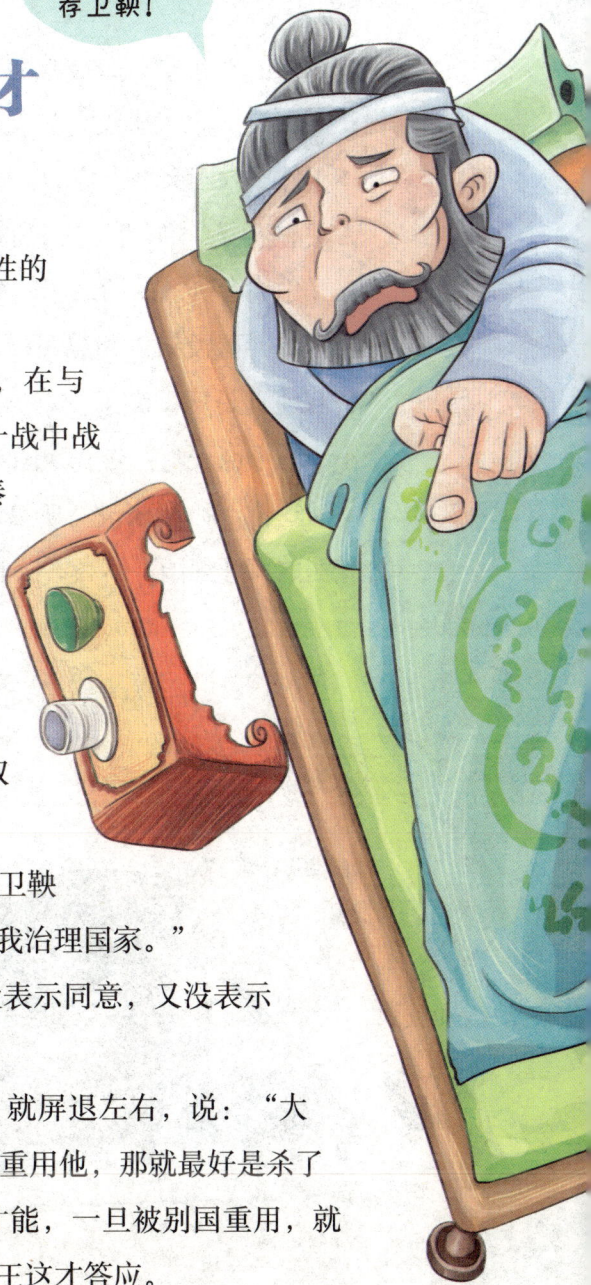

15

卫鞅杀了吗？于是，公叔痤急忙把卫鞅召来，向他道歉，并对他说："我这么跟大王说，也是恪守我做臣子的本分。你赶紧逃走吧，不然，大王会杀了你的！"

卫鞅听了，淡淡一笑，说："既然大王不会听您的话重用我，又怎么会听您的话杀了我呢？"

卫鞅料得没错，魏惠王探完病一出来，就对左右的随从说："公叔痤真是病糊涂了，不然，以他的贤能，怎么会叫我重用一个小小的中庶子呢？当我魏国无人了吗？"

就这样，魏惠王没有听公叔痤的把卫鞅杀了。卫鞅也没有听公叔痤的离开魏国。不久，公叔痤就去世了。

> 重用小小中庶子？
> 当我魏国无人了吗？

相国是个伪君子

相国大人为了魏国真是鞠躬尽瘁啊，都病成那样了，还惦记着江山社稷，不错！不错！

侍卫李大

秦国公孙冒

拉倒吧，公叔痤就是个伪君子！他要真为江山社稷着想，为什么要雪藏卫鞅？还不是担心一旦卫鞅的才能被发现，就会动摇他的相位！现在快咽气了才来举荐卫鞅，相国也当了，还给自己留个爱才的美名。这算盘呀，打得我在西河都听到了！

公叔痤这人小肚鸡肠，当年吴起就是被他挤走的。现在一个能治国兴邦的超级人才在他的麾下居然只能当个随从，我一点都不奇怪！

士人王山

公子寻

没错，在这之前，魏王根本就不知道卫鞅是个什么人才。仅凭他一句话，就让卫鞅登上一人之下万人之上的相国之位，那魏王不是太儿戏了吗？如果他只是建议魏王先重点观察观察再决定，说不定大王还能听得进去呢！

越越（简称越）大嘴记者

魏惠王（简称惠）　特约嘉宾

嘉宾简介： 又称梁惠王，战国时代魏国的第三任国君。他和齐威王是战国时代中原率先称王的诸侯。他鼠目寸光，好大喜功，让大才卫鞅从眼皮子底下悄悄溜走。在他的掌管下，魏国的实力每况愈下。

越：大王，您好！看您满面春风，想必是有什么喜事吧？

惠：（得意地笑着）哈哈，小记者好眼力！最近啊，我又招了两个人才！

越：恭喜！恭喜！这两个有一个是卫鞅吧？

惠：卫鞅？（摸摸脑袋，思索了一会儿）哦，你说那个中庶子啊，那叫什么人才！在我们魏国待了这么久，也没见他做出什么成绩来！

越：那是因为您没有给他施展的空间啊！您要是能多花点时间去了解他……

惠：行了，行了，我们魏国国富民强，想来我们魏国发展的人才多了，一个一个地了解，我能了解得过来吗？

越：您不相信卫鞅，也应该相信公叔痤啊！

惠：相国那是老了，病了，所以才糊涂了！我可还没糊涂！

越：那您招的那两个人才是哪两位？

惠：惠施你听说过没？

越：这个……小民才疏学浅，不曾听说。不过他的好朋友庄子，我倒是久仰大名。

惠：你看你，孤陋寡闻了不是？庄子可是用"其书五车"（后人引申为成语"学富五车"）形容过惠施呢！

越：那他应该是有两把刷子的。

惠：那是自然。惠施学识渊博，天下闻名，我经常听他讲学。像我们这样的大国，必须得惠施这样的大名人当相国才匹配。

越：哦，那恭喜大王了。那……另外一个人才是谁？

惠：另外一个是庞涓。这人你总听说过吧？

越：庞涓呀，听说他是当今高人鬼谷子的弟子，精通兵法！

惠：（得意）所以我才提拔他当大将军嘛。

越：不过我听说有一个人的兵法造诣远在他之上！

惠：谁？

越：这个人就是庞涓的同门师兄弟孙膑。

惠：咦，没听庞涓说过有这号人物啊！

越：哈哈，他当然不会跟您说了。他要是跟您说了，您还会让他继续当您的将军吗？

惠：这个……

越：不过呢，我认为庞涓大可不必有这种担心。大王您还是挺有主意的。您看，这么多人跟您说卫鞅很厉害，您还不是没把他放心上嘛！

惠：那是自然，我堂堂一个国君，怎能随意被他人左右？

越：以后啊，再也不会有人在您身边提卫鞅了！

惠：为什么？

越：听说卫鞅已经有了去其他国家发展的打算了。

惠：哦……

越：要去追不？现在追还来得及。

惠：追他干吗？他又不是什么千年不遇的奇才，让他去吧！

越：好吧！希望大王以后不要后悔。

广告小铺

废除活人殉葬制

现在各国争霸，急需大量人才，但我国贵族居然还用大量的奴隶、工匠殉葬，以致国家兵源紧张，战斗力下降。

为改变这一弊端，发展国家经济，现宣布，废除活人殉葬制，用陶俑代替活人殉葬。如有违令者，一律斩首示众。

秦献公

运河开工启事

我国地势平坦，河流众多，水资源十分丰富。为充分利用这个优势，现决定在荥阳县的黄河南岸开凿一条运河，作漕运、灌溉田地之用。此项工程庞大，即日开工，需要大量人力，望两岸百姓积极配合参与。

魏国

热烈欢迎公子连回家

热烈欢迎公子连回家！秦国永远是您的港湾！

让我们齐心协力，为秦国添砖加瓦，共建美好明天！

有了您，秦国的明天会更加美好，我们的家园会更加繁荣！

秦国百姓

第3期

公元前361年

秦王求贤

商鞅变法

穿越必读 CHUANYUE BIDU

作为战国七雄之一的秦国，在从秦穆公到秦献公长达两百多年的时间里，没有出过一个有作为的明君。秦孝公登场伊始，就受到六国的排挤。胸怀壮志的他，决定发愤图强，重振秦国雄风。一个伟大的时代就此开启……

新秦王即位，无缘中原会盟

——来自秦国的加急快报

（本报讯）少梁之战后不久，秦献公薨（hōng）逝。公元前361年，秦献公之子——二十一岁的嬴渠梁（史称秦孝公）即位。

才即位不久，秦孝公就听说一件事——魏国组织六国会盟，却没有邀请秦国。这"会盟"可不是什么小事，盟友们聚在一起，不是商量着灭谁，就是把酒言欢，许诺互不侵犯。

一开始，秦孝公以为是自己初登王位，人微言轻，既然六国不请我，那我就请六国，也好趁这个机会，跟他们学学经验，交交朋友。谁知，六国还是毫不客气地拒绝了！

这下秦孝公是又气又急，如果人家真的私底下联合对付秦国，那秦国可说是到了非常危险的时候。眼下秦国连一个魏国都应付不过来，更别说对付六国联军了。

痛定思痛，秦孝公决定发愤图强。

可是，秦国实在太落后了，有点才能的人都不愿意留下来，剩下的都是些贵族关系户，秦孝公又瞧不上，怎么办？

来自秦国的加急快报！

从奴隶到诸侯

—— 秦国的兴衰史

　　六国为什么这么看不起秦国呢？这就要从秦国的老祖宗说起了——

　　大家都知道，秦国的国君姓"嬴"。嬴姓的祖先最早可追溯到传说中"五帝"之一的颛（zhuān）顼（xū）帝。

　　颛顼帝有个曾孙女叫女脩。有一天，她在织布，一只玄鸟（即燕子）飞过她的头顶，掉下一颗蛋。女脩吃了后，居然生下了一个儿子，取名叫大业。

　　大业的儿子大费（又称伯益）十分能干，不仅能驯鸟兽，还教会了人们建筑房屋和凿挖水井（民间称他为土地爷）。因为大禹治水的时候，他帮了不少忙，舜帝就赏给他一面带有黑色飘带的旌旗，后来还赐给他一个姓——"嬴"，而大费就是以嬴为姓的第一人。

　　夏商时期，嬴姓一族是赫赫有名的富贵人家；到了商朝末年，嬴族却因忠于纣王，对抗周

朝，成了周朝的奴隶，地位一落千丈。从此，他们被迫远离中原，与夷狄杂居在一起，处境十分艰难。

好在，嬴族的子孙善于养马、驯马。很多年后，一个叫非子的嬴族人，因为把周王室的马养得膘肥体壮，周孝王便把秦地（今甘肃省天水市西南）赏给了他。秦人也就成了周朝的"附庸"。

虽然"附庸"只能依附于大诸侯，没有资格与天子见面，但秦人总算又有了自己的地盘，迈出了改变命运的第一步。

周朝末年，秦人打着周天子的旗号，不断讨伐西部游牧民族，既为周天子立了功，又扩大了自己的领地。

周幽王时期，犬戎攻进周朝的都城镐京。秦襄公因为保卫周王室有功，被封为诸侯，并得到了岐山以西的土地，从此正式建立秦国，与诸侯国平起平坐。

为了更多的领地，冲啊！

尽管如此，因为地处偏僻，秦人又长期与西戎人杂居，中原各国都把他们当野蛮人看待，直到秦穆公出现。

秦穆公是秦国的第九位国君。他礼贤下士，将百里奚、蹇叔、由余等人才招至旗下，将秦国搞得红红火火。

公元前623年，秦穆公一口气占据了西戎建立的十二个国家，获得了一大片土地。周天子于是赏赐了一面金鼓给秦穆公，任命他为"西方诸侯之伯"，意思是诸侯中的老大。自此，秦穆公成为春秋五霸中的第四位霸主。

只可惜，秦穆公一死，后面的十五任国君都碌碌无为，秦国连连战败，失去了一片又一片土地。秦孝公初年，秦国的地盘已不足楚国的九分之一。虽说秦国在"战国七雄"中还勉强占有一席之地，但是论实力，秦国已经远不如其他六国。

即便是出了个非常努力的秦献公，但由于底子实在太薄，秦国还是十分落后，又穷又小，又乱又弱。那么，未来的秦国将会走向何方呢？

大哥们，带带我！

秦孝公招贤

公元前361年，秦孝公发布了他即位以来的第一道诏令——《招贤令》，其主要内容是这样的——

"以前穆公从岐山、雍地这些小地方起家，东边干翻了晋国，西边降服了戎狄，连周天子都封赏他，说他是诸侯中的老大，各国诸侯也都前来祝贺。

"本来是大业有望，但是后来的厉公、躁公、简公、出公四任君主昏聩无能，导致国家内忧外患，连老祖宗打下的河西之地也被三晋抢走了，这真是秦国的奇耻大辱啊！

"但献公即位以后，励精图治，迁都栎阳，镇抚边疆，想通过征伐，收复穆公打下来的土地，恢复穆公时的荣光。

"想起先君未完成的事业，我痛心不已。如果谁能想办法让秦国再次变得强大，我愿意给他高官厚禄，和他共享秦国！"

诏令一出，秦国人惊了："哎呀，大王想人才想疯了，怎么能当着天下人的面，揭自己祖宗的短呢？"

魏国人笑了："哈哈，咱们就等着看笑话吧！"

其他诸侯国也是嗤之以鼻："秦国那种野蛮之地，谁愿意去？"

不过，也有人被秦孝公的大气打动，说秦孝公诚意满满，一定会成为另一个魏文侯。

那么，秦孝公能不能凭这道千年难得一见的诏令，招到他想要的人才呢？

秦国需要哪个"家"

秦国大王这次招人真是大手笔啊！要不，咱们去试试？像秦国那种未开化的野蛮之地，正需要学学我们儒家的"仁""义""礼""智""信"。一个国家，只有"仁爱治天下"，才能长治久安！

某儒家门生

算了吧，秦国现在穷得叮当响，连饭都吃不饱，哪还有闲工夫和别人"之乎者也"！当务之急，秦国应该学习农家，顺应民心，奖励生产，让贵族们下地和老百姓一起耕种，一起做饭。老百姓吃饱喝足了，国家自然就强大了！

某农家门生

秦国的土地都快被其他诸侯国抢光了，还有多余的地分给百姓？眼下秦国战乱频仍，首先要考虑的，是如何让军队强大起来，打赢战争！

某兵家门生

天地万物，都应该顺其自然，无为而治。任何一种违背自然的治理，都是不能长久的。若是秦国没有君主，我倒是想去试一试。

某道家门生

不要君主？那也太不实际了。秦公招贤，目标就是富国强兵，而实现这一目标，国家必须上上下下一条心，将君主的号令作为"唯一"，才能得到长远发展。

某法家门生

我心中有杆秤！

秦孝公

要问我把什么看得比黄金还重？

那当然是人才啊！

29

好朋友对我爱搭不理，怎么办？

编辑老师：

　　您好。我是卫鞅。俗话说，"三十而立"，而我今年已经二十九岁了，不但没有事业，连个像样的工作也没有。整个魏国，只有魏惠王的弟弟——公子卬（áng）敬佩我，尊重我。

　　可是最近，他对我的态度也变了，好几次我去找他，都吃了闭门羹。最后一次虽然勉强让我进了大门，但端上来招待我的饭菜，实在是差！别说是招待客人了，就连他们家的仆人，吃得比那都要好！

　　最好的朋友这样待我，说实话，我这内心是受到了一万点伤害啊。难道魏国真的没有我的立足之地了吗？

卫鞅

卫鞅先生：

　　您好。如今，大王已经有了新任相国的人选，看样子，您的政治主张在魏国不可能实现了，是时候想想另外的出路了。

　　听说西边的秦国正在到处招贤纳士，您不妨去那里看看。

　　您放心，车马和盘缠，公子卬已经为您准备妥当——当然，这一切他是不会告诉您的。待到功成名就之时，您记得好好谢谢他就行了！

　　海阔凭鱼跃，天高任鸟飞。祝您一路顺风！

编辑★穿穿
编辑部

越越（简称越）大嘴记者

秦孝公（简称孝）特约嘉宾

嘉宾简介： 秦国的第二十五任国君。秦国历经几代内乱，在他还是太子的时候就满目疮痍了。胸怀大志的他，立志要继承秦献公的遗志，开创一个前所未有的大秦盛世。年仅二十一岁的他，能改写秦国的历史吗？

越：参见大王，早就听说大王气度非凡，是个干大事的主儿，今日一见，果然名不虚传。

孝：过奖，过奖，小记者是来应聘的吗？

越：（汗）大王误会了，小民哪有这个本事！

孝：你别谦虚呀！你们中原人有文化，不像我们秦国，教育水平低，个个都是大老粗。

越：这个……我只知道，诸子百家没有一家是出自秦国。

孝：唉，说出去丢人啊。尤其是这些年，我们秦国啥也没干，光内斗去了，根本就没心思发展文化教育。

越：这个我也略有耳闻。听说您父亲即位前的七十多年的时间里，秦国出了五位国君。

孝：别提了，当时国君要立要废，完全由大臣说了算，把朝政弄得一团糟，以致我父亲后来努力多年，也没能把秦国支棱起来，关键时刻本国连个像样的人才都找不着。

越：没关系，本国人不行，还有外国人嘛。当年穆公能从一个弱小的西方国君，变身为春秋五霸之一，靠的不就是他从外面招来的那帮人才吗？

孝：连儒家的孔子都说，以穆公的才能，即便是做大王都是可以的。只做一个诸侯霸主，是委屈了他。

越：此话不假，春秋五霸里，穆公的实力可以排第一！

孝：所以我才决定像穆公当年那样，对外招贤。

越：那大王觉得秦国目前需要的是什么样的人才呢？

孝：只要能富国强兵，让我大秦重振国威，不管是儒家、道家，还是兵家、法家，哪家人才都行！

越：那您这次下了这么大的血本，应该来了很多人才吧？

孝：人倒是挺多的，个个都说自己是人才，谁知道是真是假。

越：这还不简单，考一考不就知道了？

孝：考试有什么用，考得好的就是人才了？不过是把经典著作背得比别人熟一点而已，遇到实际问题还不是抓瞎。

越：那就直接面试？

孝：唉，面试的人也不少，大多是见了一面，我就没兴趣再见了。

越：是不是您要求太高了？

孝：我要求不高啊。只要能将我大秦搞得和魏国差不多就行。

越：这要求还不高吗？大家都说，秦国要达到魏国的水平，至少还得奋斗一百年呢！

孝：（急）谁说的？我不信！

越：大王别着急，天下这么大，你想要的人才肯定有，说不定现在已经在赶来的路上了呢。

孝：嗯，我相信，魏国能做到的事，秦国肯定也能做到，而且说不定比他们做得更好。

越：嗯，那就再等等吧！

广告小铺

我们要迁都了

魏国国都安邑（今山西夏县西北）因地处河东，受秦、赵、韩三国包围，一旦遭到三国联合进攻，国都岌岌可危。而大梁是我国第一大市，地理条件、经济基础均十分良好。现决定改大梁为国都，下月开始迁都。请大家做好迁都准备。

魏惠王

停业公告

我张小六虽只是一个小小的茶行老板，但也读了不少圣人著作，胸怀大志。如今，秦孝公发布招贤令，我也打算去试一下，茶行暂停营业，感谢大家多年来对小六茶行的大力支持。若能有幸见到秦国国君，必将回乡宴请各位父老乡亲，哈哈！

小六茶行

报到须知

为了给国君分忧，现专门开设一个机构，负责接待各地才子。请大家来到秦国后，先来这里报到，办理相关手续。

秦国官府

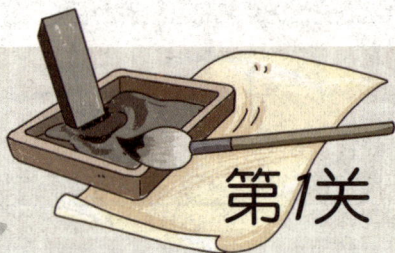

智者无敌
王者为大

第1关

1. 晋国被哪三家瓜分？

2. "战国七雄"是指哪七个诸侯国？

3. 魏武侯任用谁为相国在魏国实行变法？

4. 我国古代第一部比较完整的法典是哪部？

5. 吴起离开魏国后，在哪个国家实行变法？

6. 孔子是哪家学说的代表人物？

7. 道家政治思想的核心主张是什么？

8. 主张"兼爱""非攻"的是哪家学说？

9. 卫鞅离开卫国后，首先去了哪里？

10. 卫鞅在公叔痤手下担任什么职务？

11. 公叔痤向谁推荐了卫鞅但没有被采纳？

12. 庞涓是哪个诸侯国的大将军？

13. 哪位秦国国君是春秋五霸之一？

14. 是谁宣布废除秦国的活人殉葬制度？

15. 秦孝公即位后发布的第一道诏令是什么？

第 4 期

四见孝公

商鞅著

穿越必读 CHUANYUE BIDU

　　卫鞅来到秦国后，想方设法接近权力中心，得到了与秦孝公见面的机会。在经过一而再再而三的试探之后，卫鞅最终如愿以偿，取得秦孝公的信任，迈出了成功的第一步。

卫鞅与宠臣打成一片

——来自秦都栎阳的特别快报

（本报讯）公元前361年，二十九岁的卫鞅向西渡过黄河，来到秦国的都城栎阳。

过去的经验教训告诉他，与其投到达官贵人的门下，守株待兔，不如想办法和国君面对面聊一聊。

可是，作为一名"外国人"，在秦国一无亲戚，二无朋友，三无名气，如何才能见到高高在上的国君呢？

这倒难不倒卫鞅。毕竟，他是卫国的王孙公子，又在魏国相府做过事，有很多贵族朋友。经过多方打听，很快他就找到了秦孝公身边的大红人——景监。

据说景监是专门侍候秦孝公起居的，很多人不屑于跟他打交道，怕有失身份。但卫鞅却毫不在意，带着厚礼去与他结交。

景监见卫鞅确实是个有才之人，很快就为他争取到一个被秦王"面试"的机会。

那么，卫鞅能把握住这次机会吗？

来自秦都栎阳的特别快报！

初次见面，"东家"居然打瞌睡

盼星星，盼月亮，卫鞅终于见到了秦孝公。

第一次见到自己的未来"东家"，卫鞅打心眼里高兴，他讲啊讲啊，恨不得将自己所知道的东西，全都一股脑儿地倒出来。讲了半天，他突然发现有点不对劲——嗯？"东家"怎么一点动静也没有？仔细一瞧，"东家"居然睡着了！

两人的第一次见面，就在秦孝公的瞌睡中泡了汤。

卫鞅一走，秦孝公就把景监狠狠地批评了一顿："你从哪里找来的人，就会说大话！"

景监挨了骂，转身去数落卫鞅："你到底和大王说了什么？大王说我推荐的人，根本就不中用！"

卫鞅解释说："我跟大王讲的是尧舜的'为帝之道'，看来大王对当帝王没什么兴趣。你再给我约一次，我跟他再讲讲。"

景监心想，反正现在还没合适的人选，就同意了。

几天后，卫鞅和秦孝公再次见了面。这一次，秦孝公倒没有睡着，但还是满脸不耐烦，回头又将景监骂了一顿。

接连两次被骂，景监气得吐血，转过头也将卫鞅骂了一顿。

卫鞅淡淡回了一句："看来大王对周文王和周武王这种'王道'也没有兴趣。你帮我再约一次，我知道下次该跟他讲什么了。"

那么，卫鞅真的知道秦孝公想要什么吗？他还能见到秦孝公并且打动他吗？

卫鞅到底是不是国君的菜？

编辑老师：

　　你好。最近，我被卫鞅搞得非常郁闷，好不容易给他争取到两次面见大王的机会，都被他搞砸了。就这样，他居然还厚着脸皮希望我再给他一次机会，让他再见见国君。

　　唉，我本来琢磨着，国君和他，一个为了求贤才，整天茶饭不思，唉声叹气；一个为了找明主，不远千里来到异国他乡。若两人能志同道合，就再好不过。

　　可现在，因为他我已经被大王骂了两次，大王看起来对他很不满意。你说，这卫鞅到底是不是国君的菜啊？我还有必要冒着生命危险，再帮他一次吗？

景监

景监大人：

　　您好！卫鞅的才华是毋庸置疑的，不然公叔痤也不会向魏王推荐他为相国。但一个人能不能出人头地，不仅要看他有没有才华，还要看有没有机遇。

　　西周的姜子牙厉害吧？在遇到周文王之前，不也是年纪一大把了还被人鄙视，甚至被老婆离弃吗？春秋的管仲够牛吧？在辅佐齐桓公称霸之前，不也穷困潦倒，还当过逃兵吗？

　　这世上太多怀才不遇的才子了，他们唯一需要的，就是一个伯乐，一个机遇。遇不到，他们的一生就碌碌无为，遇到了，他们就会一飞冲天，一鸣惊人。

　　卫鞅是不是国君的菜，光凭一两次见面并不能说明什么。您就再给他引荐引荐，万一他被大王看上了，您也跟着沾光不是？

编辑★穿穿

三试孝公，终显大才本色

经过景监的周旋，卫鞅第三次得到了秦孝公的召见。

这一次，秦孝公倒是对他挺友好，边听边点头，但最后还是没有任用他。

送走卫鞅后，景监心里忐忑不安，却听秦孝公说："你这个门客不错，我可以好好跟他谈谈了。"

景监听了，简直不敢相信自己的耳朵，跑去问卫鞅："你和国君谈了什么呢？居然让国君前后的态度判若两人？"

卫鞅回答说："这次我和大王聊的是春秋五霸的治国方法，也就是'霸道'。看来他是准备采纳我的意见了，下次国君再召见我，我就知道该说什么了。"

没多久，秦孝公果真主动召见了卫鞅。

这一次，两个人聊得非常投机。秦孝公听着听着，膝盖不由

富国强兵，
天下我有！

自主地在垫席上向前移动，离卫鞅越来越近，一连谈了好几天，都不觉得厌倦。

景监知道后，大喜过望，好奇地问卫鞅："这一次你说什么打动了大王？大王高兴极了！"

卫鞅笑吟吟地回答说："我劝大王采用帝王治国的方法，建立夏、商、周那样的盛世，可是大王说：'时间太长了，我不能等。何况贤明的国君，谁不希望自己在位的时候名扬天下，怎么能叫我闷闷不乐地等上几十年、几百年才成就帝王之业呢？'所以，我用霸主富国强兵的办法劝说他，他才特别高兴。然而，这样一来，也就不能与商、周的德行相媲美了。"

就这样，卫鞅终于取得秦孝公的信任，迈出了成功的第一步。

41

卫鞅是个投机分子？

这个卫鞅可真有意思，居然准备了三套方案见大王，第一套不行就用第二套，第二套不行就用第三套……你们说，这要是第三套方案也行不通，他是不是还有第四套？如此不讲原则，我看他多半只是个投机分子，想骗取秦王的信任！

应试者甲

别的不说，就他投靠景监这件事，就有失读书人的体面。当年孔子和卫国国君一同外出，卫国国君让一个宠臣坐在自己身边，却让孔子坐另一辆车，孔子马上就拂袖而去。跟孔子比起来，卫鞅简直连他老人家一根手指头都不如啊！

儒家周生

"成大事者不拘小节"，景监若没有本事，大王又不是老糊涂，怎么会将他放在身边？卫鞅那么聪明，又怎么会投靠他？你们啊，还是少咸吃萝卜淡操心吧！

法家朱先生

就是，就是，大王几次三番不待见卫鞅，却还一而再、再而三地给卫鞅机会，这充分说明，大王不仅好学上进，还有容人之量，能容忍不同意见。这样的君王，不正是卫鞅一直梦寐以求的"明主"吗？

应试者丙

越越（简称越）大嘴记者

卫鞅（简称鞅）特约嘉宾

嘉宾简介：一个不远千里来到秦国的卫国人。现在的他，既无地位又无后台，有的只是一腔热血和满腹才华。他能够像他的偶像李悝、吴起那样，在秦国有所作为吗？

越：卫先生，没想到您这么快就说服了秦孝公，恭喜！恭喜！

鞅：比起在魏国的情况，确实要快很多。

越：这说明，您这次找对人了！

鞅：希望这一次能够顺利吧。

越：不过有人说，其实您压根没有什么主张，不过是看大王喜欢什么就说什么，投机取巧而已。

鞅：哼，我卫鞅做事自有主张，轮不到别人说三道四！

越：其实我也很奇怪，为什么您见了大王三次面，说了三个不同的想法呢？难道您之前的功课没做好？

鞅：你不懂，我这是为了试探一下大王。

越：试探？试探他什么？

鞅：我卫鞅准备了这么多年，跑了这么远的路，为的是找一个靠谱的国君。我总得知道，这个秦孝公是个什么人物，有什么样的想法吧？万一我俩不对路，我岂不是又白跑一趟？

越：所以，您第一次用尧舜的"帝道"试探他，看他是不是想当尧舜那样的帝王？

鞅：尧舜的"帝道"是道家推崇的治国方法，讲究无为而治。大王听得打瞌睡，说明他对"帝道"不感兴趣。

越：那您第二次说的"王道"又是什么？

鞅：周文王、周武王的"王道"是儒家推崇的治国方法，讲究以仁义道德治理国家。大王听了也不感兴趣，说明他对"王道"也不感冒。

越：噢，我明白了，您是用道家、儒家的主张去试探大王，看大王的想法是不是和你们法家相契合。

鞅：嗯，没错。既然大王对"帝道""王道"都不感冒，那我就可以放心大胆地陈述我们法家推崇的"霸道"——这个才是我的真正目的。

越：什么是"霸道"？

鞅："霸道"就是春秋五霸治理国家的方法，也就是依靠国家的力量去征服天下，讲究的是"以法治国"。大王对这个最感兴趣。

越：以秦国目前的情况，当然是要先称霸诸侯，才能进一步去发展帝王之业了。这恰恰说明大王是个脚踏实地的人。

鞅：没错，所以我最后和大王达成共识，以富国强兵为目标，称霸天下！

越：既然如此，你何不一开始就用"霸道"说服他呢？岂不更加省事？

鞅：凡事要循序渐进，不可一蹴而就。我给大王讲这么多，大王也需要时间消化不是？只有将那些讲明白了，讲透了，他才会明白，真正适合他的，只有"霸道"，唯有"霸道"！

越：明白了，是我肤浅了。时间不早了，那我先在这里祝先生的大业早日成功！

鞅：谢谢。我相信我一定会成功的！

广告小铺

周显王的祝贺信

　　近日（公元前360年），秦军向西击败西戎，为稳定西北边境立下大功。本王感到十分欣慰，特派使臣送去祭肉（古代祭祀先祖时供奉的肉），以示祝贺。希望秦国不要忘记先祖的辛苦和艰难，以更积极主动的姿态，继续砥（dǐ）砺（lì）奋进！

周显王

招募令

　　国君才刚刚即位，人心尚未稳定，赵、韩两国却趁机联合起来攻打我们，实在欺人太甚！为保卫我们的家园，现征兵若干名，凡年龄在二十岁以上、五十岁以下者，统统入伍。大家快来积极响应吧！

秦军宣传处

处罚通告

　　经查实，村民刘老三未经官府允许，私自开荒耕种，并将该土地的收入全部据为己有，未缴纳任何赋税。

　　根据我国相关律法，现将刘老三开垦的土地全部予以没收，并对刘老三本人处以五十大板的处罚。若其拒绝处罚，私自出逃，则罪加一等。望大家引以为戒。

秦国官府

变法之争

穿越必读 CHUANYUE BIDU

胸怀大志的卫鞅和秦孝公一拍即合，准备进行一场轰轰烈烈的变法。可是，要想变法顺利地进行，光有国君的支持还不够，还必须得到群臣的支持。于是，一场针锋相对的"辩论会"开始了……

卫鞅为什么没被封官

——来自秦都栎阳的消息

（本报讯）卫鞅被秦孝公录用了！但秦孝公并没有马上给他封官，这是怎么回事呢？

众所周知，虽然目前周天子名存实亡，但各诸侯用的都还是周朝的官员制度。

周朝建国以来就有个规矩：老子如果是天子、国君，儿子继续做天子、国君；祖上如果是贵族，后代子孙继续做贵族。至于普通老百姓，父亲当农民的，儿子只能继续当农民；祖上做奴隶的，后代只能继续做奴隶。

因此，贵族们世世代代子子孙孙都有田有地有收入，有享不完的荣华富贵，即便是蠢笨如牛也能做官。而老百姓即便是才高八斗，也没有用武之地，更别说一个"外国人"了。

也就是说，在这种情况下，秦孝公如果任用卫鞅为官，势必遭到秦国所有王公贵族的抵制。

那么，接下来孝公会怎么做呢？

来自秦都栎阳的消息！

大王也有烦心事

编辑老师：

　　你好。最近有很多人问我，为什么招到卫鞅这样的人才，还不赶紧变法？唉，我又何尝不想呢！

　　"变法"，说白了，就是改变老祖宗制定的国法家规，上上下下重新瓜分蛋糕。可是，老祖宗传下来的制度，我们已经沿用了几百年，在国人心中早已根深蒂固。一旦变更，原来的获利者肯定会不高兴。而这些人在朝中势力庞大，关系错综复杂，想把他们的蛋糕重新分配，绝对不是一件容易的事。

　　但要是没有他们的支持，光我和卫鞅两个人，哪里下得动这盘大棋！你说我该怎么办呢？

秦孝公

大王：

　　您好。自古以来，君臣意见相左的例子并不少见。您的先祖秦穆公在位时，也碰到过这种问题。

　　有一次，秦国大败晋国，把晋惠公俘虏了。秦穆公不知道拿晋惠公怎么办，就在朝中开了一次"辩论会"。大臣们有的主张杀掉晋惠公，永绝后患；有的主张好吃好喝地养着他，不要再给秦国树敌；还有的主张把晋惠公给放了，和晋国建立邦交。

　　虽然大臣们意见不一，但秦穆公从中得到启发，结合大家的意见，放走了晋惠公，让晋惠公的儿子到秦国来当质子。这样，晋惠公的命保住了，秦国的隐患也消除了，一举两得。

　　要不，您也效仿先祖，来一场"宫廷辩论会"？说不定，你想要的答案也在其中哟。

编辑★穿穿

主持人 （秦孝公）：自从当上国君，我深感压力山大。我想要变法来强大国家，却又担心遭人非议。所以，我想听听诸位的意见，看看到底要不要变法。希望各方辩手本着对秦国认真负责的态度，知无不言，言无不尽。首先有请正方辩手，也就是变法的倡导者卫鞅发言，时间是一分钟。（掌声）

辩论题目：秦国到底要不要变法

正方（卫鞅）：谢谢主持人，大家好！

我方的观点是秦国必须变法。 做人不能优柔寡断，做事不能犹豫不决。有异于他人的行动，往往会受人非议；眼光独到的人，一定会被一般人嘲笑。聪明的人事先就能预料到事情的结果，愚蠢的人往往事后还弄不明白。所以，做大事的人，不会理会世俗的看法，也不会同普通人商量怎么做。什么叫法？对老百姓有利的叫作法；什么叫礼？方便老百姓办事的叫作礼。聪明的人只要对百姓有利，就不会拘泥于以前的法度；只要能使国家强盛，就不会抱着以前的老观念、老做法不放。

主持人（大喊）：好！谢谢卫鞅。接下来

请反方代表甘龙大人表明立场并发言，时间也是一分钟。（掌声）

反方（甘龙）： 我认为，秦国现在还不能变法。圣人们教育百姓，是在不改变民俗的前提下进行的；聪明人也是在不改变国家法度的基础上，治理国家。在"不变"的基础上办大事，官吏们才会省心，老百姓也才会安心。

主持人（秦孝公）： 好。下面进入自由辩论时间。

正方（卫鞅）： 刚刚甘大夫说的，是普通人的想法。普通人都安于现状，不愿变通；读书人又往往只会照着书本做事。这两种人，安安稳稳过日子没问题，但绝对不能和他们谈"改革"。夏、商、周三代礼制不同，却能统一天下；春秋五霸的法度也不一样，却能各霸一方。由此可见，聪明的人制定法度，愚蠢的人却总是被法度制约！贤能的人变更礼制，寻常的人被礼制约束！还请大王不要再对变法之事有任何怀疑了！

反方（杜挚）： 我反对！没有十倍的功效，就不能轻易更换旧物；没有百倍的利益，就不能变法。咱们还是按照祖先们的做法走下去吧，这样既没有什么风

险，又不容易出差错。

正方（卫鞅）：历朝历代的法度都不相同，你要效仿哪一代的做法呢？历朝历代的礼制也都有变化，你去遵循哪一代的礼制呢？治理国家没有一成不变的做法！汤武采用新的法度，才能统一天下，夏殷守着旧法，反而走向灭亡！违反传统的法度不一定是错的，遵循过去的礼制也未必是对的。只要新法能让国家强大，我们为什么不接受呢？圣明的君主不会效法古代，也不会拘泥现状，而是根据眼前的实际情况来治理国家！

主持人 （秦孝公）：说得好！我听说，穷乡僻壤的地方，总是出怪事；学识浅薄的人，往往喜欢毫无意义的争辩。愚蠢的人称快的，正是聪明人所悲哀的；无知的人所高兴的，正是贤德的人所忧虑的。

感谢卫鞅先生为我大秦厘清方向，寡人不会再被那些世俗偏见困扰了。我宣布，本次辩论获胜者为——卫鞅！

大家都来当农民

公元前359年，秦孝公颁布了由卫鞅起草的"一号文件"——《垦草令》，作为全面变法的试点。

所谓"垦草令"，就是垦荒令，也就是发展农业。秦国地广人稀，很多土地由于无人耕种，都荒废了，先从农业下手，让百姓填饱肚子，确实很有必要。

不过，诏令一颁布，整个秦国炸开了锅！这是为什么呢？

《垦草令》一共二十条，主要内容归纳起来，只有八个字"全民皆农，灭绝百业"。什么意思呢？就是提倡大家都来当农民，不要再干其他行业了。除了官员，其他人一律必须自己种田。

农民们不能读书识字，不得购买粮食，不得随便迁徙，不得接触知识、娱乐等活动，其耕种所得的粮食，不得出售给他人，只能上缴给国家。不管丰年灾年，国家都一律按统一的价格收购粮食，这样，农民就可以安安心心地耕种了。

而在灭绝的行业中，商业首当其冲。卫鞅把商人排在末位，提高酒肉价格，加重商品赋税，禁止商人贩卖粮食、经营客舍，还规定商人必须要为军队提供兵器和铠甲，保证军队的基础供给，商人的雇员必须服役，等等。

甚至，就连农民生产的粮食要上缴国家时，也不得雇佣别人的车，自己的车回程时即便是空着，也不能揽客，把大家想做生意的念头掐死在摇篮里。

除此之外，卫鞅还把"刀"架到了贵族们的脖子上。除了加重贵族赋税之外，还规定贵族子弟除嫡长子之外，其他男子必须全部服徭役，禁止贵族、官吏雇请用人。

这样一来，商人不能卖米，只好自己种田；农民不能买米，只好自己耕种。贵族子弟因为实在雇佣不到用人，赋税太重，也只能亲自下地劳动。

唉，这可把那些养尊处优的贵族们气坏了，大家都议论纷纷：一个小小的《垦草法》，就把大伙儿整成这样，真要全面变法，那还有大家的活路吗？

卫鞅！我恨你！咱们走着瞧！

难道秦国没人才了吗？

听说大王打算起用卫鞅来当领头羊，进行变法？难道咱们秦国就没人才了吗？别人不说，甘大夫、杜大夫两位在朝为官多年，要经验有经验，要能力有能力，难道不比卫鞅那个毛头小子强？

李太师

公子南

虽然咱们大秦不如魏国，但好歹我们也是一方诸侯，有着五百多年的历史。祖先们一代代传下来的理法，怎么能说变就变呢？那卫鞅莫不是魏国派来捣乱的吧？

变法没那么可怕吧？依我看，咱们秦人现在的生活也不怎么样，活没少干，吃的穿的却样样都不如别人。如果这次卫鞅变法，真的能让咱们老百姓过上好日子，解决大家的温饱问题，我十二分支持！

农民刘大牛

公子高

卫鞅要变法，没问题！但是有一个前提，就是绝对不能动我们贵族子弟的面包。他要是敢像吴起在楚国变法那样，让我们贵族一下沦为平民，哼，我敢说，他到最后连怎么死的都不知道！

越越（简称越）大嘴记者

甘龙（简称甘）特约嘉宾

嘉宾简介：秦国三朝元老，纵横官场几十年，先后担任过上大夫和太师，在大臣中享有一定威望，既是朝中守旧派的领军人物，又是变法的强烈反对者。

越：甘大人，您好！看您愁容满面的，是不是有什么心事啊？

甘：别提了，也不知道卫鞅和大王说了什么，好端端的，大王居然要变什么法，说要公开律法！

越：律法的内容为什么不能公开呢？

甘："刑不可知，则威不可测"，律法的内容不公布的话，律法的威力就无穷无尽。老百姓不知道律法的内容，做事就会小心谨慎，不敢做错事，社会也就会变得安定。

越：但是，让百姓知道律法的内容，知道什么是错、什么是对，不是能让大家更好地遵纪守法吗？

甘：两百多年前，晋国和郑国把律法的内容刻铸在鼎上了，结果你猜怎么着？晋国被韩、赵、魏三家瓜分了，郑国也灭亡了！

越：这两个国家的悲剧，和公布律法可没什么关系。

甘：怎么没关系？在这之前，从来没有哪个国家这么做过！他们擅自改变老祖宗的规矩，可不就得到报应了？

越：您的意思是，要是秦国也这么

做，也会遭遇大难？

甘：没错！什么公开律法、垦荒，不过是卫鞅变法的前奏！要是同意卫鞅这么搞，接下来他就会得寸进尺，要求更多、更离谱！

越：变法是为了让秦国变得更强大。您作为三朝元老，难道不希望秦国强大吗？

甘：当然希望。但前提是不能乱变、瞎变，知道吧？当初的周礼从井田到刑罚，从音乐到酒具，多么完美。可现在呢，大家一味思变、求变，结果君不像君，臣不像臣，一切都乱套了！

越：时代在变化，社会总是要向前发展的。我们得顺应社会的变化，不能拖时代的后腿嘛。

甘：哼！祖先们留下来的成法，能用几百年，那是久经考验的！一旦变法失败了，谁来担这个责？

越：我说大王怎么还没有让卫鞅正式开始变法，还把他打发到地方上去了，原来是受你们影响啊。

甘：（得意）我甘龙为秦国当牛做马这么多年，这点影响力还是有的。那卫鞅啊，估计没个两三年是回不来了！

越：啊，那《垦草令》停止了吗？

甘：那倒没有！已经颁布的法令，岂能说停就停！

越：噢，那会不会是大王看你们反对得太厉害，所以想观察个两三年，再决定要不要变法呢？

甘：如果三年之后《垦草令》确实能让秦国有所改变，我们自然不好反对。说实话，我比谁都希望秦国能变得更好！

越：嗯，那我们就期待秦国越来越好吧！

广告小铺

建长城，招工人

为保卫国土安全，防止秦国入侵，现决定在河西修建一座长城。该工程规模浩大，急需各类建筑工人。欢迎有意者前来报名。要求：年龄在十五岁到四十五岁之间，有五年相关工作经验，身体健康，无疾病史。

魏国长城工程办

关于农业生产的相关规定

即日起，禁止一切影响农业生产的娱乐活动。凡秦国百姓，必须配合官府进行户口登记，不得擅自迁居。所有山川河流等自然资源，统统收归国有，任何人不得擅自靠其谋生。

秦孝公

商人注意事项

商人不耕田，不种地，没有创造任何价值，却在贸易中低价买、高价卖，赚取差价，祸害农桑，破坏农业发展。今后，凡从事商业活动的百姓，一律不得穿戴任何丝绸衣物，禁止乘坐华丽的车驾。商人及其子女，不得从政做官。商人及其奴仆必须服役。若有违反，一律严加处置。

选自《垦草令》

第一次变法

商鞅变法

穿越必读 CHUANYUE BIDU

继魏、楚两国变法之后，秦国也举起了变法的大旗，秦孝公正式任用卫鞅实行了一系列大刀阔斧的新政。巨大的变革让人措手不及，卫鞅变法真的能改变秦国的命运吗？

秦孝公"被逼"变法
——来自齐魏两国的加急快报

（本报讯）就在卫鞅还在秦国地方搞农业调查的时候，天下发生了好几件大事：

第一件大事是，公元前357年，自即位以来从来不理政事的齐威王开始任用邹忌为相，选贤任能，修订律法，实行变法了！

第二件大事是，鲁、宋、卫、韩四国国君居然一齐前往魏国都城大梁，进见魏惠王！也就是说，继魏文侯、魏武侯之后，魏惠王又成了领导诸侯的一代霸主！之后赵国也不甘落后，先后与齐国、燕国进行了会盟。

和往常一样，这些会盟还是没有秦孝公的份儿。

这让秦孝公突然有了一种前所未有的危机感：不行，秦国再不变法，恐怕几十年后，就会沦为小国，甚至灭亡了！

公元前356年，秦孝公任命卫鞅为左庶长（在秦国官位的二十等级中，排第十位，相当于中级官员），开始了轰轰烈烈的变法运动。

如何让大家相信我

编辑老师：

您好。大王终于决定让我主持变法了！为了这一天，我已经等了太久太久！现在，我的心情是既激动又不安！

激动的是，我终于可以像我的偶像李悝、吴起那样，施展我的抱负；不安的是，各国主持变法的都是相国一级的人物，我只是个左庶长，还是个外国人，由我来主持变法这样的大事，名不正言不顺的，王公大臣和老百姓会相信我吗？我该如何在朝中树立威信，让大家相信我呢？

卫鞅

卫鞅：

你好。恭喜你终于可以大展拳脚了。关于你的这些问题，当年吴起也碰到过。

有一次，他发现边境有个秦国的小哨亭，准备除掉它。但一个小哨亭，又犯不上劳师动众。于是，他想了一个招儿，命人在北门外，放了一根辕木，下令说："谁能把它搬到南门外，就给谁重赏。"一开始，将士们都不相信。后来有人抱着试试看的心态照着做了，吴起果真兑现承诺，给那人行了赏。

不久，吴起又在东门外放了一石（dàn）红豆，还是同样的要求、同样的奖励。这次，将士们都相信他了，抢着去做。

这时吴起就下令说："明天，我要攻打秦国那个小哨亭，率先登上哨亭的，我就让他做官。"结果，将士们争先恐后地攻打哨亭，一个早上就把它拿下了。

看完这个故事，聪明如你，一定知道怎么做了吧？

编辑★穿穿

61

搬根木头，竟能得五十两黄金？

这天一大早，卫鞅派人在秦国都城的南大门立了一根三丈高的木头，还在木头的旁边贴了张告示，告示上说，谁把这根木头搬到北门，就赏给谁十两黄金！

老百姓一看，一下子炸开了锅，议论纷纷。

有的说："搬这么一根木头，就能得到十两黄金？我不信！"

有的说："是哟，这个卫鞅该不是在开玩笑吧？"

还有的说："这里面肯定有古怪，先观察一下。"

就这样，大家你一句我一句，谁也不愿意去当这个"傻子"。

眼见看热闹的人越来越多，却没有一个人愿意出来揭榜，卫鞅又说："既然十两黄金没人搬，那就五十两！"

哇，这不说还好，一说更加没人相信了。是啊，搬根木头，就能得到五十两黄金，这不是天上掉馅饼吗？

不过，重赏之下必有勇夫。过了好一会儿，有个大汉站出来说："我来试试吧，管你是不是骗子，反正我有的是力气。"说完，他就扛着木头向北门走去。看热闹的人们跟着他一起涌到北门。一时间，北门人山人海，里三层外三层都挤满了人。

等到卫鞅真的拿出五十两黄金赏给扛木头的人，这下，那些看热闹的人可后悔死了，早知道这样，自己干吗不搬啊！

从那以后，大家都知道了卫鞅是个言出必行、一诺千金的人。卫鞅再颁布法令，百姓们就都乖乖地照着去做了。

卫鞅变法开始啦

有了百姓的信任，卫鞅开始实行大规模的变法。新法的主要内容如下：

一、根据李悝的《法经》制定秦律。

二、改革户籍制度，实行什伍连坐法。规定老百姓十家编为一什，五家编为一伍，互相监督检举。只要一家有人犯法，十家全部受罚。知情不报的处以腰斩，窝藏罪犯等于向敌人投降，检举揭发的则和立了军功的人一样给了奖赏。

三、推行小家庭制度。一家有两个以上的壮丁必须分家，各立户头。每个家庭都要登记在册，定期接受官府检查。

四、奖励耕织和垦荒，重农抑商。鼓励农民开垦荒地，努力从事生产。让粮食和布帛增产的，可以免除徭役和赋税；不从事正当行业，游手好闲或偷奸耍滑导致贫穷的，则收为官奴。

五、废除世卿世禄制，设立等爵制，奖励军功。

以前，官位、俸禄都是依据血缘关系世袭传承，只要出生在贵族的家庭，生下来就继续当贵族，即使每天什么事不做，也可以终身享受丰厚的俸禄，也就是"世卿世禄制"。

现在，将爵位重新划分为二十个等级，官位、俸禄都以军功为准。不论是

谁，只要立了军功，就可以晋升爵位。有了爵位，就可以获得相应的政治地位和经济待遇。

而军功怎么衡量呢？很简单，只要带回一个敌人首级，就可以升一级爵位；带回的首级越多，待遇越高，特权越多。通过上战场杀敌，平民可以升级成为贵族，而罪徒、奴隶则可以免刑。

而贵族们则需要从头再来，如果不能在战场上立下与自己身份地位相匹配的战功，那就不能继承先祖的官职、爵位。如果你已经不是贵族，却还住在贵族才能住的房子里，穿贵族才能穿的衣服，就是犯法。

六、禁止私斗，违令者按情节轻重分别处以轻重不同的刑罚。

通过这次变法，秦国上下以私下斗殴为耻，以为国立功为荣，国家的赋税增多了，人口变多了，国力开始变得强盛起来。

收你们来啦！

百姓上街游行，反对新法

这该死的卫鞅！我吃父母的、喝兄弟的，碍他什么事了？我们好好的一家人，他非要我们分开，不就是为了多一户人家，多收一份赋税吗？太奸诈了！

农民张小二

一个小小的卫鞅，居然敢砸了我们的金饭碗，还让我们去战场上拼命，简直是岂有此理！看来，我们是要给他点颜色看看了！

公孙李

听说很多人为了反对新法，跑都城游行示威去了！这在以前可是听都没听过的事情。新法不是规定，上街游行是反对国家的行为，是要杀头的吗？怎么卫鞅一点反应都没有？

商人周发财

一般的平头老百姓怎么敢这么做？这来回的交通和食宿难道不要钱？肯定是上面有人煽动啊！这么多人集体反对变法，卫鞅不可能全部都杀了吧？"小不忍则乱大谋"，老百姓闹一阵，也就歇菜了，所以卫鞅才装聋作哑！

官员郑不二

大家别闹了，以前我们在战场上拼死拼活，都没人当回事。现在有了新法，大家都有机会变成贵族了，为什么要反对？大家还是乖乖地回去种地、参军吧，别被某些别有用心的王公贵族给利用了！

某小兵

公子犯法，与民同罪

轰轰烈烈的群众游行失败了，不久，人们又得到一个令人震惊的消息，太子嬴驷触犯新法了！

咦，一个只有几岁的孩子，能犯什么法呢？不用说，背后肯定是变法的反对派在搞鬼。

而根据卫鞅的新法规定："王子犯法，与庶民同罪"。也就是说，不管是什么大人物，只要犯了法，就必须和老百姓一样受罚！可是，作为未来王位的继承人，尊贵的太子怎么能和平民百姓一样受罚呢？这显然有失身份。

可要是不依法惩处太子，那以后谁还把新法当回事呢？什么"王子犯法，与庶民同罪"，不就成了大笑话吗？

面对这两难的处境，卫鞅立马做出了决定——

"国家的法令必须上下一律遵守。要是上头的人不能遵守，下面的人就不信任朝廷了。年幼的太子犯法，教育他的老师有责任，应该受罚。"秦孝公有了台阶下，便同意这样处理。

太子有两个老师，一个叫公子虔，负责监督他的行为；一个叫公孙贾，负责传授他知识。卫鞅处罚了公子虔，在公孙贾的脸上刺了字。

太子的老师都敢罚，谁还敢不服呢？

从这以后，贵族和大臣们就再也不敢哼哼唧唧，都规规矩矩地遵守法令了。

越越（简称越）大嘴记者

公子虔（简称虔）特约嘉宾

嘉宾简介：秦孝公的哥哥，也是当今太子嬴驷的老师，身份尊贵，是名副其实的贵族子弟。由于在卫鞅变法期间被处罚，他对卫鞅心怀不满。

越：公子，您好！您看起来好像不大高兴啊？

虔：我堂堂太子老师，竟然被卫鞅那小子处罚了，你说我能高兴得起来吗？

越：哦，是因为太子犯错的事吧。不过，这倒是证明了一点：法律面前人人平等。

虔：平等？凡是有人的地方，就分三六九等。那田里种地的农夫，跟一出生就锦衣玉食的贵族能一样吗？奴隶是奴隶，贵族是贵族，国家的律法是给老百姓制定的，割他们鼻子、挖他们眼睛，我不仅不反对，还大力支持。但

什么时候轮到我们贵族也要遵守他制定的法律了？！简直是荒唐！

越：卫鞅这样做，也是为了让百姓信服，变法才能进一步推进嘛。

虔：推进变法？我倒是巴不得让变法早点完蛋！你看看他制定的什么破军功制，提起来我就火大！

越：我倒觉得军功制挺不错的，大大激发了士兵们的作战积极性呢！

虔：他们之前是平民，是奴隶，现在可以往上爬，当然拼命

了。那为什么要把我们贵族往下拉呢？贵族们没有了祖传的"金饭碗"，还要去战场上拼命，王族里没有军功的，还要从宗室的族谱上除名，这像话吗？

越：正因为这样，大家才抢着立功啊！秦军的战斗力才会提升啊！

虔：谁说立了功就要给爵位的？！当兵的就应该无条件为国家卖命！

越：您这样说就不对了，你们有今天的幸福生活，不是因为你们的先祖曾经为国家立过功卖过命吗？现在士兵们为国家卖命，不也应该过上幸福生活吗？

虔：……强词夺理！我告诉你吧，现在不光是我们贵族对变法有意见，就连老百姓，也对变法有意见呢！

越：哦？百姓们都有什么意见呢？

虔：卫鞅不是规定，揭发罪行的人，拥有和斩首敌人一样的功劳吗？现在老百姓之间相互提防，就跟防贼一样，每个人都盯着别人的毛病呢。

越：但犯法的人是不是也少了不少呢？你看，现在大家男耕女织，都铆足了劲地从事生产劳动呢！

虔：我看你这小子是被卫鞅洗脑了吧！

越：公子，您是大王的亲兄弟，如果您能站在大王甚至秦国的角度考虑，那么您就会发现，卫鞅这次变法是以对秦国有利为出发点的。相信用不了多久，秦国一定会有翻天覆地的变化。

虔：我告诉你，卫鞅这么做不会有好下场的，吴起就是最好的例子！我早晚要让卫鞅为惩罚我而付出代价！咱们走着瞧！（扬长而去）

广告小铺

处罚公告

刘老四举报，王家兄弟三人，没有按照新法规定进行分户，目前仍居于一室。经官府查证，举报内容属实。现决定对王家处以赋税翻倍的惩罚。同时奖励举报者刘老四耕牛一头。

大秦官府

经营变更通知

自新法实施以来，儒家学说被再三禁止。本店遵照法令，已将所有儒家书籍全部焚毁。同时，为了满足广大顾客需求，新进一批《法经》及其他法家学说经典，欢迎各位前来本店选购。

大秦书屋

秦兵须知

秦国男子一生需服兵役两年，一年去郡县，一年去中央或者到边关，其训练工作分别由郡县、中央或前线负责。各个兵种都有自己的训练目标，逾期未达标者，不但本人和教官会受到惩罚，主管官员也会受到牵连。望周知。

大秦兵部

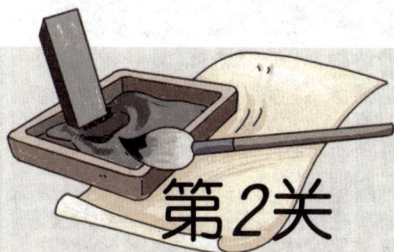

智者无敌　第2关

王者为大

1　卫鞅在第几次面见秦孝公的时候，终于被秦孝公认可？

2　什么是"霸道"？

3　与卫鞅在朝廷上进行变法之争的是哪两位大臣？

4　卫鞅在正式变法之前，颁布了什么法令？

5　秦孝公在位时，秦国的太子是谁？

6　太子犯法，卫鞅是如何处置的？

7　卫鞅在太子哪位老师的脸上刺了字？

8　"徙木立信"是关于谁的故事？

9　卫鞅第一次变法是在哪年？

10　卫鞅初到秦国时，是谁把他引荐给秦孝公的？

11　辅佐齐桓公称霸的是谁？

12　第一次变法时，卫鞅担任的职务是什么？

13　卫鞅第一次变法中，哪个学派的学说被再三禁止？

14　卫鞅变法中，将秦国的爵位分成了多少个等级？

15　秦国男子一生需服兵役几年？

初试锋芒

初试锋芒

公元前354年，魏国出兵攻打赵国。此后，齐国、楚国先后帮助赵国抵抗魏国。秦国趁机小试牛刀，在魏国的西防线展开一系列攻势，先后夺取了元里、安邑、固阳等地，在众诸侯面前小露了一番身手。

魏国向秦国发出邀请函

——来自秦国的特别快报

（本报讯）公元前355年，正当卫鞅变法进行得如火如荼的时候，魏国却派来使者，邀请秦孝公一起会盟。

这可是破天荒的事情啊！

秦孝公又喜又忧，喜的是，魏国是公认的霸主，能得到魏国的邀请，是一件很有面子的事情。

忧的是，这些年，中原会盟大大小小的事从来没邀请过秦国，尤其是魏国，压根就没把秦国放在眼里，怎么突然来了个一百八十度的大转弯？

难道是担心秦国经过变法后，做大做强，先来拉拢一下？

不可能！听说魏惠王知道主持秦国变法的人是卫鞅之后，还笑话秦孝公眼光不咋样呢！

不过，万一能够因此和魏国结盟，秦国也就可以安安心心地继续变法了，也是件好事啊！

思来想去，秦孝公还是决定赴约。

来自秦国的特别快报！

魏赵两国要开战了

编辑老师：

　　你好！前不久，我和魏王在杜平（今陕西省澄城县）进行了会盟。原以为魏王这次主动放下身段邀请我，是要商讨什么大事。见了面才知道，原来前段时间赵国与齐国、燕国背着魏国私下会盟，魏国很生气，打算出手收拾一下赵国，所以想缓和一下和我们秦国的关系，希望我们在西边老老实实待着，不要出来捣乱。

　　其实，秦国现在为了变法的事焦头烂额，哪有什么精力掺和他们的事情！他们不来对付我们，我们当然求之不得了！所以我马上就答应了。

　　但事后想想，我答应得是不是太爽快了点？这么好的机会，我就这么老老实实地窝在自己家里不动了吗？

秦孝公　嬴渠梁

大王：

　　您好！首先恭喜秦国与魏国成功会盟！

　　无论这次会盟的主题是什么，"会盟"这件事本身对于秦国来说，都具有重大的历史意义。因为这标志着，秦国从此结束了被诸侯冷落的时代，重新加入了中原群雄逐鹿的行列，要开始雄起了！

　　不过，如果您想借这个机会加入这次"群殴"，我认为还为时太早，一来变法还只进行了一段时间，二来魏国的实力还很雄厚，现在就得罪魏国，得不偿失。还请您三思而后行。

编辑★穿穿

围魏救赵，谁是最后的胜利者

公元前354年冬天，魏国和赵国果真打了起来。魏国大将庞涓率领三十六万大军，把赵国打得稀里哗啦，还包围了赵国的都城邯郸。

这可把赵国急坏了，立刻派使者向齐、楚两国求救。齐国也很给力，派大将孙膑和军师田忌率军前去营救。

奇怪的是，孙膑不但没有派人去营救邯郸，反而派兵去攻打魏国都城大梁。庞涓气得要命，但总不能为了打邯郸，把都城丢了吧？只好撤军回国，结果在桂陵中了孙膑的埋伏，溃败而归，赵国因而得救（史称围魏救赵）。

本来，这场战争跟秦国没半毛钱关系，双方也没有一个向秦国求援的。但秦孝公心里却开始痒痒的——这变法也有两年时间了，是骡子是马，拉出来遛遛？

于是，秦国也自告奋勇地加入了这场战争，在元里(今陕西澄城西)与魏国展开了变法以来的第一场大战。

一开始，魏军并没有将秦军放在眼里，以为他们像以前一样不堪一击。但很快他们发现，这批秦兵在卫鞅的率领下，竟像换了个人似的，一个个奋勇向前，不要命般凶狠。一战下来，秦军竟一举歼灭魏军七千多人，成功攻占少梁，威逼大梁！

消息传来，天下哗然：这个不入流的秦国什么时候变得这么厉害了？莫非，秦国才是这场战争的最后胜利者？

卫鞅升官啦

没想到卫鞅还是个文武双全的人才！听说大王一高兴，升他为大良造了！这大良造的官职品级高于左庶长，在我们秦国的二十级爵制中列第十六级，相当于丞相呢！

秦兵甲

秦兵乙

这次不光卫鞅升了官，其他人，不论是谁，只要立了军功，统统得到了赏赐。斩获的敌人首级越多，获得的赏赐越丰厚，获封的爵位越高！

这都得谢谢大良造啊！让咱平民百姓面朝黄土背朝天干了这么多年，现在也能有机会当官发财，和那些生来就是贵族的人平起平坐啦！这在以前是想都不敢想的事啊！

秦兵丙

秦兵丁

大家别高兴得太早，这次能战胜魏国，不过是我们趁魏国东西线同时作战的空儿，占了个大便宜而已！要是和魏国单挑，我们现在还不一定是魏国的对手！千万别骄傲！

众小弟向老大求和

秦国大败魏国后，举国上下都沉浸在胜利的喜悦当中。

不久，又传来一个消息——继桂陵一战之后，齐国又和宋、卫两国乘胜追击，把魏国南部的重镇襄陵（今河南睢县）包围了！

这可又是一个千载难逢的好机会啊！卫鞅立刻率军出发，强渡黄河，攻占了魏国的旧都安邑和固阳。

然而，就在秦军信心满满地准备东进一步时，一个不幸的消息从东线传来——齐、赵两国居然和魏国讲和了！

原来，魏惠王为了对付东线的敌人，从韩国搬来一支救兵，甚至还亲自上阵督战。魏军士气大涨，三下五除二就将齐、宋、卫三国打得落花流水。

齐威王一看，人家老大的派头还在，一时半会儿打不赢，便和魏国握手言和，撤了兵。没了齐国这座靠山，赵国只好乖乖向魏国道

都是我们的啦！

歉，把之前占领的土地还给了魏国。

就这样，大家化干戈为玉帛，又开始亲亲热热地称兄道弟了。

这下，秦孝公可就坐不住了——因为东线的战事一结束，魏国就要集中兵力对付西边的秦国了！

虽然之前秦国一连打了好几场胜仗，但都是在魏国东线很忙的情况下取得的，说白了就是钻空子。现在就连齐国也不敢和魏国对抗，更何况秦国呢？

果然，魏国与齐、赵两国讲和后，很快夺回了安邑以及少梁，接着又倾全国之力，将秦军围困在固阳。

秦孝公与卫鞅一合计，发现以秦国现在的实力，根本没办法与魏国抗衡，决定也跟魏国讲和。

经过一番讨价还价，秦国同意将之前攻占的安邑和河西部分土地还给魏国，两国重修旧好。

算你识相！

我们和好吧！

一个燕国士兵
=
一只猫

一个赵国士兵
=
一匹狼

一个魏国士兵
=
一只熊

一个秦国士兵
=
一匹狼+一只熊+
一头狮子+一只老虎

越越（简称越）大嘴记者

韩昭侯（简称韩）特约嘉宾

> 嘉宾简介：韩国著名变法君主，有眼光，明事理。他即位时韩国政治混乱，法律、政令前后不一。他重用申不害进行变法，韩国得以走向繁荣富强，一跃成为战国时代的一等强国。

越：大王，您好！作为魏、赵两国的兄弟之邦，您认为这次赵国为什么会战败呢？

韩：我认为，主要是因为时代变了，赵国却没变。

越：怎么说？

韩：所谓"变则生，不变则亡"，别的国家都在变法的时候，赵国却没有跟着变法，能不落后吗？落后就会挨打。

越：没错，只有变才有出路，才不会灭亡。听说你们韩国也在变法，能简单介绍一下吗？

韩：帮我主持变法的人叫申不害，和卫鞅一样，也是法家的代表人物。

越：那他们的变法应该差不多吧？

韩：差不多，他们都主张"以法治国"，不同之处在于卫鞅注重的是"法"，申不害注重的是"术"。

越："法"和"术"有什么不同吗？

韩："法"是指要健全法制，让民众听从国君的统治。"术"是指国君要加强驾驭大臣的手段，也就是"权术"。比如国君在大臣们面前不要暴露自己的想法和能力，免得大臣们做出吹牛拍马、犯上作乱的事来。

越：能举个例子吗？

韩：比如，前段时间，我晚上睡觉的时候，被子掉在地上，有个掌管衣帽的侍从就把被子捡起来给我盖上了。换作你是我，你会怎么做？

越：这侍从如此忠心，换成是我，肯定会奖励啊。

韩：（神秘一笑）我把那个侍从给处罚了。

越：啊，这是为什么？

韩：因为那个侍从是负责管理衣帽的，被褥不属于他的管理范畴，他这么做属于"越权"。

越：即使做对了，也要被罚吗？

韩：没错，如果每个官员都像他那样随心所欲，各行其是，那朝廷不就乱套了吗？重罚他，就是为了让大家引以为戒，不要做自己职权范围以外的事。大家各尽其职，国家才方便治理。

越：（小声嘀咕）原来所谓的"术"，是国君一个人说了算啊。那如果是申不害本人越权呢？

韩：那我也会一视同仁。前不久，申不害向我请求给他的哥哥封个一官半职，就被我拒绝了。

越：申不害可是韩国的有功之臣啊，这么点要求您都不答应？

韩：但是他曾经告诉我，用人要根据一个人的功劳大小。他的哥哥并没有立功，如果我答应了他的请求，那岂不表示不认同他的变法？那他的变法还有什么意义？

越：说得也对！不过，您无论大事小事什么都管，会不会太累了？

韩：我累点没关系，希望韩国像秦国那样，也变得强大起来吧！

越：那我就在这里祝韩国变法早日成功！

广告小铺

📜 求救书

进入冬季以来，本国都城邯郸受到了四次强烈暴风雪的袭击，城中多处民宅坍塌，军民冻死病死者不计其数，再加上魏军来势汹汹，百姓苦不堪言，还请齐国和楚国人民伸出援助之手，帮我们渡过这次难关，万分感谢。

赵国百姓

🗿 修筑崤山长城

为防止秦军继续向东扩张，保障河东地区与大梁的联系，现决定在固阳修建一座长城，计划东南起崤山，西北至黄河，规模宏大。特向各地征集民工及工匠若干人。请相关部门做好准备工作，不得有误。

魏国官府

🛡️ 漳水会盟

为促进团结，魏国、赵国、楚国、齐国等诸侯国在邯郸的漳水进行会盟。魏国把占领了两年多的邯郸还给赵国，赵国也表示，今后将以魏国为首，携手并进，共同发展。

漳水会盟中心

二次变法

商鞅 著

穿越必读 CHUANYUE BIDU

与魏国交战失败后，秦国不得不承认，魏国还是当之无愧的霸主。为了进一步富国强兵，秦国开始进行第二次变法。

这次变法，彻底废除了秦国的旧制度，为后来秦王朝统一天下奠定了坚实的基础。

秦国都城又搬了

——来自秦国的特别快报

（本报讯）与魏国和好后，卫鞅意识到，变法还未成功，秦国仍需努力，于是向秦孝公建议，将都城从栎阳迁往东边的咸阳。

咸阳位于秦国中心，靠近渭河，土地平坦开阔，无论是走水路，还是走陆路，去哪个地方都方便；更重要的是这里靠近中原，既有利于指挥作战，又有利于同东方诸国往来，可说是块宝地。

秦孝公同意了，并任命卫鞅为总设计师，负责新城的修建工作。

卫鞅将原有的旧城扩大，将城墙加高加厚，还挖了一条护城河，环绕整座城池。一年后，一个可容纳民众十多万户，堪与齐国临淄、魏国大梁相媲美的新城终于修建成功。

公元前350年，秦孝公带着一群支持变法的大臣挥别了靠近魏国的栎阳，搬进了"新家"咸阳，开始谋划秦国下一步的出路。

秦国从公元前350年起，以咸阳作为都城。直到公元前207年秦朝灭亡，再未进行过迁都。

来自秦国的特别快报！

秦国都城为啥要搬?

秦国迁都九次了,每迁一次就向东扩张一次,为何这次却选择了西边的咸阳?难道是被我们大魏打怕了,怕离我们太近,哪天被我们突然给灭了?哈哈!

魏国李师

你想多了,听说卫鞅在酝酿第二次变法呢!现在的栎阳是变法的"重灾区",贵族多,阻力大。那些保守派和反对派,随时都可能扑上来,咬卫鞅一口。把都城迁走,就可以名正言顺地甩掉他们,更好地实行变法啦!

欧掌柜

早就该把这些人甩开了!谁叫他们占着茅坑不拉屎的!赶紧给我们这些立了军功的新人腾地方吧!

平民王七

依我看,秦国往西迁都,绝对是别有用心,这一迁,秦都离西南的巴蜀之地更近了。巴蜀土地肥沃,水源丰富,要是哪天被秦国占据了,秦国就有了一个绝佳的战事补给基地。这对其他六国来讲,可不是一件好事啊!

平民李四

阻碍变法的两块"石头"

困难是纸老虎！

据了解，卫鞅的第二次变法主要是围绕土地做文章。

自古以来，土地是一个国家的根本。百姓的衣食住行，离不开土地；诸侯国连年征战，为的也是夺取更多的土地。而提到土地，就不得不讲讲分封制和井田制。

所谓"分封制"，是指自西周以来分封诸侯的制度。

当年周朝灭了商朝之后，为了加强统治，周天子把除都城之外的土地连同居民一同作为奖赏，分给了有功之臣和王室贵族，作为诸侯国。诸侯们又依样画葫芦，把自己的封地分给更低一级的卿大夫和士人。封地上的大小事务，都由封地主人说了算，诸侯必须听从周天子的命令，保卫王室，

定期朝贡。

而所谓"井田制",是指与封地配套的土地分配制度。"井田",顾名思义,就是把一大块土地以"阡陌"(即田间小道)为界划分为九块,形状像"井"字,所以称为"井田"。其中,最中间的一块归公家所有,周边的八块则分给八户人家进行耕种。八户人家要先把公田耕种好之后,才能耕种公家给自己的那块地。

当然,这块地并不是真正属于哪一家的。每过三年左右,各家的耕地要互相交换。张家改种王家的,王家改种李家的,以此类推。

井田制刚兴起的时候,生产力十分低下,农民们需要合力耕种,才能耕种完一亩土地,积极性很高。可后来有了铁器和耕牛,很多农民都不愿意给公田干活了,甚至在举行春耕仪式的时候,连个捧场的人都没有。

那农民们都去哪里了呢?都去开垦新的私田了。因为给公田干活,干多干少都一样,一分钱的报酬都没有,而官家给的私田又得交税,怎么干都亏。但新开垦的私田却不一样,所有劳动所得都是自己的,而且一分税钱都不用交。如此一来,谁还愿意傻呵呵地去种公田呢?

随着井田制的没落,周王室的地位一落千丈,实行了几百年的分封制和井田制形同虚设,成了阻碍各诸侯国发展的绊脚石。

那么,卫鞅会如何踢开这两块石头呢?

第二次变法

迁都不久，卫鞅甩开膀子在秦国进行了第二次变法。变法的内容主要有以下几点：

一是"废井田，开阡陌"，允许土地私有。国家收回所有土地，将田间的"阡陌"铲平，按照二百四十步为一亩的标准重新丈量土地，分配土地。

要知道，之前每块田地只有一亩大小，一百步才一亩，现在这么一改，耕地面积足足增加了一倍多！而且新法还允许土地自由买卖，这就意味着，老百姓可以拥有自己的土地了！这可是从未有过的好事啊！老百姓的耕种热情一下就被点燃了！

二是废除分封制，普遍推行县制。把零散的乡镇村庄合并为县，由县令管理，县令则直接由国君任命，不得世袭。这样，以县为单位的中央集权就建立起来了。

三是统一度量衡，制定统一的赋税标准。

四是革除落后的风俗。因为长期与戎狄部族杂居，秦国保留了不少落后的习俗。卫鞅按照中原的风俗，将落后的习俗（如全家人不分男女老幼同居一室等）革除掉。

经过两次变法，秦国一跃成为诸侯国中最强大的国家之一，山中没有盗贼，路上没有小偷，人们踊跃投军作战，不再私下斗殴，乡村、城镇一派安定祥和的景象。

卫鞅真的刻薄寡恩吗？

编辑老师：

　　您好。最近我身边的人纷纷向秦国"移民"，我也想去秦国试一试。

　　可我听说，秦国的变法主持人卫鞅刻薄寡恩，秦国因刑罚削掉的鼻子可以用箩筐来装，砍下的脚可以用车来拉，甚至有一次一下杀了七百多人，把整个渭水都染红了，号哭声惊天动地。

　　这个卫鞅真的这么残忍吗？

一名普通的韩国农民　李老根

李先生：

　　您好！卫鞅因为变法得罪了很多人，的确有人抹黑他，说他刻薄寡恩。但这个评价一定是公正的吗？未必。

　　秦国的法律的确有砍手、砍脚、削鼻子、连坐、车裂等刑罚，但这些早在商周时期就有了，并不是卫鞅的创造发明，比如吴起变法失败被杀，就有七十多家被连坐。而同样的罪行，比如偷盗，李悝会处以挖掉膝盖骨的刑罚，而秦国却只是在罪犯脸上刺字，让他去服役。相比之下，卫鞅的变法还是宽严得当的。

　　至于卫鞅在渭水边杀了七百人的事，我觉得并不可信。在这个打仗如家常便饭的时代，人是一个国家最宝贵的财富。如果秦人动不动就残了、死了，那谁去给秦国打仗？谁去给秦国种田？变法还有什么意义呢？

　　据我所知，秦人犯了罪，卫鞅大多是采用罚款、做苦工来处罚，而不是杀人。比如，公子虔两度犯法，他没杀；数千人聚众反对变法，他也没杀。这些事实都可以证明，卫鞅并不是一个刻薄寡恩的人！

　　现在，你知道该不该去秦国了吧？

编辑★穿穿

给我来个最新款的首饰。

你没看公子虔天天戴着这个吗？

这是什么？

公孙鞅，我恨你！

公子虔

越越（简称越）大嘴记者

秦孝公（简称孝）特约嘉宾

嘉宾简介：一位有胆识、有魄力、有远见的君主，推崇法家思想，认可变法图强。在他的大力支持下，卫鞅先后两次在秦国进行变法，秦国也因此走向富国强兵的道路，迅速崛起。

越：大王，您好！通过这两次变法，您觉得现在的秦国和十多年前相比，有什么变化？

孝：最大的变化就是，现在的大秦国富民强，兵强马壮，再也没有哪个国家敢小看大秦了！

越：看来卫鞅的这两次变法效果都很不错啊！

孝：第一次变法不过是试水，真正有含金量的还是第二次。

越：那第二次变法和第一次相比，有什么不同呢？

孝：主要是进一步加强了中央对地方的管理。以前，国君把土地分封出去后，封地上的

事情就不再受国君管控。推行县制后，县令人选就不再是终身制和世袭制，而是由国君来统一安排管理了。如此一来，我就再也不用担心地方作乱啦！

越：这招确实是高！真想知道卫鞅的脑子是怎么长的，竟然能想出这种办法来！

孝：哈哈，在他之前，我大秦就推行县制了，只是没有大规模推行。我即位之前，秦国大概只有十个县。但经过这次变法，如今全国上下已经有三十多个县了。

越：看来县制的大力推行，很有意义啊！

孝：嗯，还有，在全国范围内统一度量衡，意义也是非凡的。

越：怎么说？

孝：自古以来，各个地方、各个年代都有自己的一套度量标准。以齐国为例，早期他们以四升为豆，四豆为区，四区为釜，十釜为钟，后来却改为五升为豆，五豆为区，五区为釜，十釜为钟（升、豆、区、釜、钟都是计量单位）。这样一来，一个国家就有两种不同的度量标准，给国家税收造成了极大的不便。当然，这种情况在秦国也有。

越：而且，现在的很多量器是木质的，使用过程中自然有损耗，称量的时候就会越来越不准确了。

孝：没错，所以我和卫鞅打造出一种铜质的标准器，全国上下统一使用，这样就没有我们所说的这种烦恼了。

越：厉害！厉害！不过大王您可要保重身体啊！

孝：这话从何说起？我现在吃嘛嘛香，身体棒棒哒！

越：您看啊，李悝、吴起变法虽然很成功，但没有长久地坚持下去，原因就在于支持他们的国君死得太早。

孝：哈哈哈！放心，放心，我一定会好好锻炼身体，争取长命百岁。另外，我也会加强对太子的教育，让他也支持卫鞅，让秦国始终如一地贯彻变法精神。

越：那我就在这里祝大王千秋永固，万寿无疆！相信秦国在您的带领下，会越来越好！

广告小铺

分户令

自第一次变法提出分户以来，仍有部分百姓违背该条法令。现再次重申，男子年满十七就不得和父母、兄弟同住，必须另立门户，单独承担赋税和徭役。违令者，一律加倍征收户口税。请各家各户务必严格执行。

卫鞅

欢迎来秦国定居

重磅！秦国放开落户限制！原三晋的百姓们，有愿意来秦国开垦荒地的，秦国将免除三代的徭役、十年的赋税，还不用参加战争。

不用怀疑，不用犹豫，来吧，秦国欢迎你！

秦国

处罚公子虔

公子虔再次触犯新法，屡教不改，现决定对他处以劓（yì）刑，割掉他的鼻子，望大家引以为戒。

秦国

闭店通知

本店自营业以来，以传播儒家经典为己任。无奈新法实施以后，儒家学说被再三禁止。为防不测，本人决定将小店内所有儒家书籍全部焚毁，并闭店十日。望各位读者谅解。

夫子书屋

智取河西

乔鞅青

　　经过长达十年的变法，秦国国力日益强大。而昔日的魏国，却日渐衰弱。马陵之战后，魏国遭到齐国的重创，秦国趁机派卫鞅出兵，一举击败魏国，夺回了被魏国侵占百年之久的河西之地。

秦国荣获霸主称号

——来自秦国都城咸阳的消息

（本报讯）经过两次变法，秦国无论是经济还是军事都变得空前强大，对这位中途杀出来的黑马，各诸侯开始刮目相看。

先是楚王娶了秦孝公的女儿，做了秦国的女婿；接着是赵国破天荒与秦国结为兄弟之邦；然后是韩昭侯亲自跑到秦国，与秦孝公签了一份停战协议，成了秦国最坚定的盟友。

最令人咋舌的是，就连周天子也派人给秦国送去了象征王权的祭肉，承认秦孝公的霸主地位。秦孝公也很知趣，马上派太子嬴驷代表自己以西方霸主的身份，率领西戎九十二国，去朝觐周天子。各诸侯也纷纷赶来表示祝贺。

要知道，在这之前，诸侯们都是凭借不断发动战争，才获得霸主的殊荣。秦国既没有打着尊王攘夷的旗号，又没有向周天子进贡，只是一门心思地搞变法求发展，周天子却对他如此礼遇，这是为什么呢？

来自秦国都城咸阳的消息！

卫鞅使魏，魏侯相王

我也可以称王？

要说秦国为何从众诸侯国中脱颖而出，获得周天子的青睐，据说这事还跟秦国的老邻居魏国有关。

公元前344年，魏惠王放出风声，准备联合宋、鲁、卫等十二个小国会盟，以朝见周天子的名义，一起收拾秦国。

秦孝公知道后，吃也吃不好，睡也睡不好，下令全国严防死守，准备与魏国决一死战。

这时，卫鞅跑来劝他说："魏国能够发动这么多诸侯会盟，以秦国现在的国力，还不是魏国的对手，不如我去魏国走一趟，我有办法对付他。"秦孝公答应了。

卫鞅出使魏国后，见了魏惠王便说："秦国虽然偏小，但也是周朝的诸侯国。为什么这种好事，不请秦国参加呢？"

魏惠王也是老油条了，马上接着说："我不只是没邀请秦国，也没有邀请齐、楚、赵、燕、韩这些大国。以我们魏国的力量，哪里敢对大国发号施令呢？"

卫鞅说："您这么说就太谦虚了，魏国兵强马壮，沃野千里，魏国若是称第二，就没人敢称第一了。"

魏惠王听了微微一笑，面露得意之色。

卫鞅又说："不过魏国这么强大，为什么只请宋、卫、鲁这些小国？这些小国虽然听话，但是靠他们，不足以号令天下啊！"

魏惠王光听到"号令天下"四个字，顿时两眼放光。

卫鞅连忙趁热打铁，说道："若是魏国向北争取燕国，向南讨伐齐国，赵国必定会死心塌地地跟随；若是向西争取秦国，向南讨伐楚国，韩国则会听从指挥。以魏国的强大，您现在就可以穿上王服，登上王位，率领众诸侯讨伐齐、楚两国。"

"你是说，我也可以称王？"魏惠王一听，心中一动。

要知道，周天子虽然早就名存实亡，但目前为止，除了无人承认的楚王，还没有哪个诸侯国的君主敢将"王"字加在自己身上。

卫鞅说："当然可以。要是您愿意称王，秦国肯定先支持。"

魏惠王听了心花怒放，秦国也不打了，立马召集宋、鲁、卫等十二个小国，还有赵国、秦国在逢泽举行会盟，正式称王。

会上，魏惠王像周天子一样，穿王服，戴王冠；会后又带着众诸侯威风凛凛地去拜见周天子，过足了当天子的瘾。

这可不得了！要知道，不管是春秋还是战国，虽然周天子已经名存实亡，但还没有一个诸侯敢捅破这层窗户纸。

魏惠王这么一闹，周天子的面子就挂不住了，这才有了赐封秦孝公的举动，周天子希望能够借秦国之力，遏制一下魏国的嚣张气焰。

只是，刚刚崛起的秦国，有这样的能力吗？

毫无疑问！

马陵之战前。

以后这天下就是大王你的了！

马陵之战后。

卫鞅你个骗子！

魏国被齐国吊打了

咦，魏惠王组织的会盟，齐、楚这些大国不来参加倒也罢了，一向是魏国小弟的韩国怎么也没去捧场？这么明目张胆地不给魏国面子，就不怕魏国报复吗？

齐国小贩王二

别说了，因为这事魏惠王气得要命，为了向天下证明他这霸主的实力，这不，会盟才过两年，就让庞涓率军攻打韩国，将韩国揍得不轻呢！

燕国伙夫孙七

听说韩国派人向齐国求救，齐国又把上次围魏救赵的田忌和孙膑派来了。这次他们又是老一套，仍然是不先救韩国，而是直接率兵扑向大梁。庞涓没办法，只好再次率十万大军回去援救，结果在马陵遭到齐军伏击，全军覆没，最后不仅庞涓自杀了，就连魏国太子申也被俘了，简直是惨不忍睹！

唉，这一仗下来，魏国元气大伤，以后天下估计是齐国的天下了！

赵国赵书生

未必吧？咱别忘了，西边还有秦国呢！没了魏国的掣肘，秦军就可以轻轻松松地东出崤关，逐鹿中原了！这天下估计又要迎来新的格局了！

楚国王掌柜

99

现在可以收拾魏国吗?

编辑老师:

　　你好。我是嬴渠梁。马陵一战后,卫鞅劝我把握机会,收拾魏国。他说,魏国一直是秦国的心腹大患。为什么呢?因为魏国地势险要,与秦国只隔着一条黄河,却占据了崤山以东的有利地形。向西,他们可以进犯大秦;向东,他们可以扩张领土。最终,不是魏国兼并秦国,就是秦国吞并魏国。

　　说实话,收复河西是我们秦国历代以来梦寐以求的事儿。这些年来,为了夺取河西之地,我大秦与魏国打了数不清的仗。没有河西,我们根本就没办法向东扩张。可我又担心再次重蹈之前的覆辙,落入求和的境地。

　　你说,按照目前的形势,我是不是可以出手了呢?

嬴渠梁

大王:

　　您好。现在确实是你们收拾魏国的最佳时机。

　　原因卫鞅说得很清楚了,在您的英明领导下,现在的大秦繁荣昌盛,而魏国去年被齐国打败后,惶惶如丧家之犬,各诸侯国都已经背叛了他,估计以后很难东山再起了。

　　一旦魏国抵挡不了大秦的铁骑,就会一路向东撤退。到那时,你们就能占据黄河和崤山的险要地势,收复河西之地,而且还可以进一步向东发展,控制各诸侯国。

　　这不就是您发布招贤令以来,梦寐以求的帝王之业吗?还犹豫什么?这可是你们反击的大好时机啊,赶紧冲呀!

编辑★穿穿

智取河西

马陵之战大大削弱了魏国的国力，秦国、齐国、赵国趁机分别从西、东、北三面攻击魏国。

公元前340年，秦国以卫鞅为指挥官，派出了五万兵马。让卫鞅意外的是，魏国派出的将领，居然是他的老朋友——公子印。

老友多年后相见，竟在战场。想起过往的情谊，卫鞅眉头一皱，派人给公子印送去了一封信，信中写道："当年我和公子的交情很好。如今，我们成了敌对两国的将领，我实在不忍心与公子相互厮杀。不如这样，咱们两人见个面，叙叙旧，订个盟约，痛痛快快地喝几杯，就各自撤兵吧！秦魏两国这次就算握手言和，怎么样？"

公子印很讲义气，又正好不想打仗，接到信后，马上带了一百护卫前去赴约。两人推杯换盏，喝得好不痛快。

然而，就在公子印喝得醉醺醺的时候，几个秦兵突然冲进来，二话不说把刀架在了公子印的脖子上！公子印这时才明白，所谓盟约，不过是卫鞅用来哄骗他的把戏。

主将被抓，魏军阵脚大乱，很快被秦军打得一败涂地。

魏惠王又气又怕，只好向秦国求和，把部分河西之地拱手送给了秦国。事后，魏惠王后悔地说："我真后悔当初没有听公叔痤的话啊！"

不知道，他是后悔没有重用卫鞅，还是后悔没有杀掉他呢？

越越（简称越）大嘴记者

卫鞅（简称鞅）特约嘉宾

嘉宾简介：他以最小的代价打败了魏国，却因为欺骗公子卬而备受争议。人们认可他的能力，却又鄙视他的手段。那么，他自己对这件事，又是什么看法呢？

越：大人，听说魏惠王现在是后悔莫及啊！你可把他坑惨了！

鞅：世界上有后悔药吃吗？

越：其实我有点想不通，哪个诸侯不想称王啊，魏惠王怎么就犯了众怒了呢？

鞅：想是一回事，做是另一回事。其他诸侯又不是傻子，能任由魏王做大吗？

越：我看大人也不是傻子，一招就把自己的好朋友给制服了！

鞅：小记者，你这话说得有点阴阳怪气的噢！

越：哪里，现在大家都这么说呢，说大人不讲仁义，连自己的好朋友都算计！

鞅：我和公子卬以前是好朋友，现在是各为其主，我要是因为私人情谊，置秦国于不顾，那秦国人该说我的不是了！

越：唉，您说得好像也没错。不过，以你们的实力，完全有能力真刀真枪地打趴他们啊，那我估计就没人说三道四了！

鞅："不战而屈人之兵"，不交战，就能降服敌人，才是打仗的最高境界。

越：但秦国的律法不是规定，斩

敌首级一颗，就可以晋爵一级吗？十万魏军，就是十万颗首级，这可是给部下立功的大好机会啊！

鞅：律法是死的，人是活的。在明知可以智取、减少损伤的情况下，为何要平白无故地丢掉这么多人的性命呢？

越：您说得对。可我听说，魏国人并不领你的情，而且没有一个人不痛恨你的。

鞅：是吗？你统计过？

越：那倒没有。

鞅：那就对了，这天下之事，有人赞成就有人反对。完全反对或完全赞成，怎么可能？换句话说，如果你是这十万魏兵中的一员或者是他们的家人，是愿意被杀，还是愿意被招降？

越：那我应该会选择被招降吧，至少还保住了一条命！

鞅：这就对了，别人不说，至少十万魏兵和他们的家人是感谢我的，这就够了。

越：但你和公子卬以前是好朋友，他是因为相信你才赴约，结果你却把他当人质扣押，这样做实在太不地道了。

鞅：你又来了！我承认这点是我对不住他，但是大家反过来想一下，我帮他摆脱了昏庸的魏惠王，有了更好的发展前途，对他来讲不是好事吗？

越：啊，你怂恿他背叛魏国了？

鞅：背叛就说得有点严重了。现在这个年代，"良禽择木而栖"，哪里适合自己大家就往哪里发展。魏惠王昏庸无能，再好的金子在他那儿也是没法发光的。

越：说得也是。既然如此，那我就在这里祝公子卬在秦国事业有成吧！

公元前331年，公子卬带领秦兵攻打魏国，斩首八万魏军，大获全胜。

103

广告小铺

重大通缉令

田忌三战三胜后，自恃立了大功，不把齐王放在眼里，这次竟然带着手下犯上作乱，攻打临淄，罪大恶极。现在他们一行人因造反失败，向楚国方向潜逃。请大家注意他们的行踪，如有发现者，务必马上向当地官府汇报，相国（指邹忌）必有重赏！

齐国官府

秦韩联合公告

日前，秦国和韩国在咸阳进行了热烈友好的会谈。双方就大家共同关心的问题达成以下共识：

为更好地造福秦韩两国人民，双方同意在互不侵犯的基础上，加强沟通协作，互帮互助，共同发展。

韩昭侯感谢秦孝公对韩国代表团的热情友好接待，并邀请秦孝公在双方方便的时候访问韩国。

秦孝公　韩昭侯

孟子讲学通知

特大喜讯！为帮助大家了解"什么是仁政""什么是王道"，本馆特邀请著名儒家学说代表孟子于近日来我馆讲学。欢迎广大有识之士踊跃参加，请大家相互转告！

齐国仁本书馆

智者无敌　第3关

王者为大

① 桂陵一战中，谁想出了"围魏救赵"的点子？

② 秦国变法以来与魏国的第一场大战是在哪里展开的？

③ 公元前352年，秦孝公提升卫鞅为什么职位？

④ 漳水会盟中，魏国把哪个城市还给了赵国？

⑤ 为了对付秦国，魏国修建了什么长城？

⑥ 秦孝公在位期间，将秦国都城搬到了哪里？

⑦ 秦法规定，男子年满多少岁必须另立门户？

⑧ 孙膑和田忌一起参与了哪两次战争？

⑨ 为了加强中央对地方的管理，卫鞅在第二次变法中
推行了什么政策？

⑩ 卫鞅在土地改革中，废除了以往的什么制度？

⑪ 卫鞅第二次变法时，谁因再次犯法鼻子被割掉了？

⑫ 哪位诸侯亲自跑到秦国，与秦国结盟？

⑬ 庞涓死于哪场战役？

⑭ 魏惠王称王后，第一个攻打的是哪个诸侯国？

⑮ 卫鞅智取河西时，魏国的统帅是谁？

人生巅峰

商鞅 著

穿越必读 CHUANYUE BIDU

卫鞅通过两次变法，使秦国焕然一新，也让自己由一个无名小卒位极人臣，一时间名利双收，好不风光。就在这时，一位神秘的来访者来到了卫鞅的面前，他是来干吗的呢？

卫鞅受封为商君

——来自咸阳的特大喜讯

（本报讯）秦国夺回一部分河西之地了！虽然只是一部分，但也让秦孝公在各诸侯面前长了一回脸。

秦孝公喜不自胜，卫鞅一回国，就封他为列侯，并将於（wū）商（今陕西商洛）的十五个城池封给了他，还给了他"商君"的封号，从此人们称卫鞅为商鞅。

这可不了得！要知道，秦国不过是个千里之国，商地就占去了六百里！商鞅一个人，就占去了秦国领土的一半！而在秦国的军功等爵制中，列侯属于最高的一个等级——第二十级！

也就是说，现在的商鞅，无论是权力还是地位，都已经达到秦国的顶级水平！

五十岁的商鞅终于迎来了他人生中的高光时刻——

朝堂之上，大臣和贵族们一个个在商鞅面前温顺如绵羊；朝堂之下，有的百姓可能不知道国君秦孝公，但很少有人没有听说过商鞅的大名！

只是，这一人之下万人之上的待遇，对商鞅来说，到底是福还是祸呢？

来自咸阳的特大喜讯！

这个商鞅有点傻

商鞅这家伙到底想干吗？以前我们说变法不好，他说不行；现在我们说变法好，他也说不行，还说我们扰乱教化，把我们迁到这鸟不拉屎的边远地区。到底想要我们怎么样？

布商钱多多

这还不清楚？他的意思就是，不管新法好不好，谁也不准瞎议论，乖乖地听话照着做就可以了！唉，人家就是仗着有国君撑腰，谁也不放在眼里！

菜农蔡大力

只靠国君一个人撑腰，他能走多远？万一国君有什么好歹，他孤立无援，不是跟着完蛋吗？他呀，是在我们大秦走得太顺了，完全忘记了他的同胞吴起的悲惨下场！

木匠赵老三

这个商鞅有点傻，明明可以借这个机会，培植自己的势力！现在可好，不光把贵族得罪了，连老百姓也得罪了！以后秦国上上下下谁还敢拍他马屁？咱们就等着看他的好戏吧！

**茶馆伙计
叶飘香**

神秘的来访者

商鞅变法数十年，得罪了不少人，朝堂上下，对他怨声载道。

一天，有个叫赵良的人来拜访商鞅。

商鞅觉得他很有见识，就问他："你说我和当年的五羖（gǔ）大夫百里奚相比，哪个更厉害？"百里奚为秦国名相，因当年秦穆公用五张公羊皮把他从楚国换来得名五羖大夫。

赵良笑笑说："百里奚治理秦国六七年，不仅诸侯们对他赞誉有加，就连四周的少数民族也对他佩服得五体投地。但他再累也不坐车，再热也不打伞，出门从不用随从，也不带兵器，他死的时候，秦国无论男女都痛哭流涕，连小孩子都不唱歌了，这就是五羖大夫的德行。但是您呢？大规模地修建宫阙，用严苛的法律约束百姓，惩治太子的老师，得罪的人不计其数。

"现在您一出门，后面就跟着数以十计的战车和三百多名护卫。离开这些东西，您根本就不出门。您的处境就好比早晨的露水，有很快消亡的危险。

"我劝您把封地还给秦王，找一处僻静的地方隐居，这样您也许可以稍稍安全一点。否则，一旦国君有什么变动，您的好日子就到头了！"

然而，商鞅认为自己为秦国立下了汗马功劳，秦国不会拿他怎么样，最终没有听从赵良的劝告。

109

大王，您这是何意？

当年，秦穆公用五张黑羊皮换回来了百里挑一的百里奚。我觉得商鞅怎么也值十张羊皮，我要把他换回来！

……

……

……

110

大王要传位给我

编辑老师：

　　你好！最近大王一病不起，为了方便我变法，他把所有权力都下放给了我。我也尽心尽力地帮他治理国家，不敢有丝毫懈怠。可是几天前，大王突然说要把秦国的国君之位传给我，一下把我给整蒙了。

　　大秦能有今天，是大王和我共同打拼的结果。虽说之前大王在《招贤令》中许过承诺，但我从来没有想过与他共享江山，甚至霸占他的江山，而且诸侯各国一向都是父死传子，从未有禅位先例。那大王现在这么说，是何用意呢？

商鞅

商君：

　　您好！依我看，禅位是假，试探是真。

　　不管您有没有当国君的想法，现在的您功高盖主，既有权力又有军队，这是国君最害怕也最忌惮的事情——别忘了，当年秦献公就是被小小的庶长拥立上位的。

　　之前您为了变法，得罪了以太子为首的贵族。一旦孝公有个三长两短，太子即位，必定会向您展开报复。若您有不臣之心，太子必定不是您的对手，秦国也经不起这样的折腾。为了保证儿子的安全和秦国的强盛，孝公有可能亲自出马，替儿子扫清您这个障碍。

　　但如果您没有这个想法，又不想变成第二个吴起，我劝您还是离开秦国吧！现在的孝公还会念您对秦国的好，放您一条生路。真要等到太子即位，您可就插翅也难飞了！祝您好运！

编辑★穿穿

越越（简称越）大嘴记者

赵良（简称赵）特约嘉宾

嘉宾简介： 一个不知从哪儿冒出来的神秘人物，记者几经走访，也没调查到他的背景。在商鞅最辉煌的时刻，他却走出来劝商鞅放下功名利禄，激流勇退，这是为什么呢？

越：赵公子您好！找到您可真不容易啊。

赵：（微微一笑）哪里，哪里，我一介书生，哪有那么难找！

越：您不仅难找，您的身份还很神秘。这天下的人和事，没有几个是我打听不到的，但您……

赵：小记者，有什么事你就直说吧，我一定知无不言言无不尽，可好？

越：好！赵公子爽快！我就想知道，您为什么要跑去找商鞅，劝他离开秦国呢？

赵：小记者，秦国之所以有今天，你说谁的功劳最大？

越：当然是商鞅了！要不是他两次变法，秦国现在还不知道是什么样呢！

赵：正是因为如此，我才劝他离开。我可不想眼睁睁地看着一代功臣去送死啊！

越：怎么可能？孝公感谢商鞅还来不及呢！

赵：你也说了是孝公，对不对？但是，孝公现在的身体每况愈下，而商鞅在变法中又得罪了大批贵族，这些贵族哪一个不对商鞅恨之入骨？一

旦孝公撒手西去，商鞅的小命还保得住吗？

越：这么严重？

赵：（摇头）唉，你听说过"狡兔死，走狗烹"的故事吗？

越：听过，听过，当年文种和范蠡帮着越王勾践治理国家，最终打败吴国夫差。功成名就后，范蠡却偷偷走掉了，还给文种留了一封书信，上面写着"飞鸟尽，良弓藏；狡兔死，走狗烹"。意思就是，鸟被打尽了，好的弓箭就收起来不用了；而狡猾的兔子死了，猎狗也被煮着吃了。

赵：对，其实他是在告诉文种，如今他们就如同那良弓和猎狗，早晚要被勾践收拾的，所以还是赶快逃走吧。

越：可文种并没有逃走啊！

赵：就是没有逃走，文种后面被勾践逼得拔剑自刎了。

越：唉，真是可惜！不过，这是个特例吧？不是所有的功臣命运都这么悲惨吧？

赵：那我再来问问你，你可知道田忌为何从齐国逃走？

越：我听说，他是因为打败魏军立了大功，想取代齐王的位子呀。

赵：呵呵，其实，这都是邹忌耍的花招！他担心田忌立功后，自己相位不保，便想方设法把田忌逼走了。

越：原来如此！

赵：其实回国之前，孙膑也和当年的范蠡一样，提醒过田忌。可田忌不信，结果落了这么个下场。

越：所以你也是来提醒商鞅的？

赵：是啊，如果他能够激流勇退，功成身隐，或许他还可以安享晚年，可惜他身处风口浪尖，却还是不自觉，唉！

越：或许他不是不知道，而是宁愿为变法流血牺牲，也不愿意变法半途而废呢？

赵：唉，希望商君日后可以平平安安的吧！

113

广告小铺

名医召集令

大王即位以来，日夜为国操劳，以致身染重疾，经御医多方治疗，仍不见好转。现特向全国招募名医，凡能治好大王疾病者，将重重有赏！

大秦王宫

岸门捷报

我军于孝公二十三年（公元前339年），在岸门（今山西河津南）一战中，英勇奋战，再次大败魏军，并俘获魏国主将魏错，缴获武器若干，为后续军事行动创造了有利条件。在此我向大秦千千万万将士表示祝贺，还望大家继续发扬英勇顽强的战斗作风，再创佳绩！

商鞅

新书发布

你想知道大秦崛起的秘密吗？

你想知道商鞅的变法都有些什么法令吗？

一切都在法家巨子商鞅的代表作——《商君书》里！

读此书，可以改变一个人的人生；用此书，可以助一个国家成就大业。欢迎广大读者前来购买，新书发布，数量有限，先到先得。

大秦书屋

功臣之死

商鞅篇

商鞅变法是战国诸强中最彻底、最成功的一次改革，偏僻落后的秦国能迅速跻身一流强国，商鞅功不可没。然而，就是这么一个大功臣，最终却落了个身败名裂、五马分尸的悲剧下场。

秦孝公走了，商鞅的靠山倒了

——来自秦国咸阳的加急快报

　　（本报讯）公元前338年，正当壮年的秦孝公因病去世，年仅四十五岁。

　　大家知道，这些年来，无论遇到多少艰难险阻，秦孝公一直坚定地站在商鞅背后支持变法，从未给他使过绊子。

　　正是因为有这样强大的靠山，商鞅才能够用二十多年的时间，就把秦国变成了一个顶尖的一流国家。而贵族们虽然都恨透了商鞅，也都不敢当面拿他怎么样。

　　现在，秦孝公走了，商鞅的靠山没了，继位的是十九岁的太子嬴驷，即秦惠文公（史称秦惠文王）。太子的两位老师也跟着扬眉吐气，咸鱼翻身。尤其是那个没了鼻子的公子虔，他在家躲了八年，盼星星盼月亮，终于等来了这一天！

　　他们会放过商鞅吗？这位曾经得罪过太子的大功臣，会遭到清算吗？由他主持的变法，还会继续推行下去吗？请大家继续关注本报的跟踪报道。

来自秦国咸阳的加急快报！

想和秦国说再见

编辑老师：

你好。听到大王去世的消息，我有如五雷轰顶。这些年，我们相互珍惜，彼此成就。在我心中，他既是明君，又是益友。我很庆幸，遇到了这样一位胸怀大志、高瞻远瞩的君王。

现在他走了，他这一走，带走了我所有的梦想。而新即位的国君和他的老师对我怀恨在心，不可能像大王那样支持我、重用我。即便他能答应，他身后的公子虔等贵族也不可能答应。

我要不要趁这个机会，像赵良说的那样，告老还乡，和秦国说再见呢？如今的秦国一天比一天强大，新法深入人心，人人都尊法、重法。我相信，即便没有我，秦国这艘大船也能稳稳地向前行驶。

商鞅

商君：

您好！唉，到现在，您心心念念的还是秦国吗？据我所知，那些恨透了您的贵族，已经聚集在一起商量如何对付您了。领头的就是没有鼻子的公子虔。

他们跑到秦惠文公面前，说"现在秦国上上下下、男女老少都只知道商鞅，不知道国君。听起来，商鞅倒成了国君，国君倒成了臣子"，还说"如果臣子功高盖主，就会对君王产生威胁"，怂恿国君赶紧对您采取措施。

国君本来就跟您有过节，您也不过是秦国的一个高级打工仔，要是再被人扣上一顶"谋反"的帽子，那还有路可走吗？我还是那句话，还是赶紧想个法子溜走吧！

编辑★穿穿

商鞅"谋反"，惨遭五马分尸

"商鞅谋反了！"

"新国君要逮捕商鞅了！"

……

商鞅得知风声，知道大事不妙，当即逃出封地。

逃到函谷关下，天色已黑，商鞅打算找家客栈休息一下。没想到一进店，店家便问他要"照身帖"。

商鞅听了，心里暗暗叫苦。原来，这照身帖是商鞅变法时，要求百姓必须在官府办理的一种"身份证"，由竹板制成，上面记录了一个人的籍贯、年龄、外貌以及个人头像，是秦人外出、住宿或者过关时的凭证。商鞅正在逃命，哪里有照身帖，更何况，现在是非常时期，就算是带了，他也不敢拿出来啊，只好推说自己没带。

店家不知道眼前这位风尘仆仆的男人就是名扬天下的商君，一听连连摆

唉，自己种的果子，再苦也要咽下去啊！

栈客

住宿

照身帖

手："商君有令，住店如果不带证件，不仅客人要抓起来，店家也是要连坐的，我们不敢收留你啊。"

商鞅听了欲哭无泪，不由长叹一声说："唉，我这是作法自毙，自作自受啊！"

住不了店，商鞅只好顶着夜色继续逃亡。

好不容易逃到魏国，魏国人怨恨他当年欺骗公子卬而打败魏国，不肯收留他，还说"商鞅是秦国的逃犯，秦国那么强大，得罪不得"，要把商鞅送回秦国。

商鞅无路可走，找了个机会半路逃回商邑，和部下组织了一支军队，向北攻打郑国，以寻求出路。

这下，可是实打实地造反了！秦惠文公立马出兵讨伐。几天后，商鞅被秦兵抓获，杀死在郑国渑池。

贵族们还是不解恨，就让人把他的尸体带回咸阳，以谋反的罪名，当着数万围观群众的面，用车裂的刑罚（即"五马分尸"），将商鞅的尸体撕成了碎片，之后把商鞅全家杀了个干干净净，还向天下人宣告："以后谁敢谋反，就和商鞅一样的下场！"

从位极人臣到满门抄斩，就发生在秦孝公去世不到一年的时间里。这位曾经帮助秦国走向富强的一代功臣，就这样走完了他的一生，呜呼！哀哉！

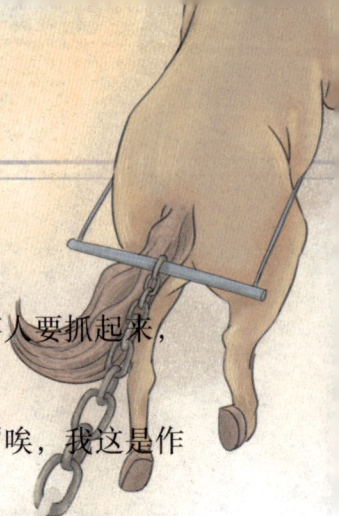

商鞅的选择

据说商君死的时候，贵族们都弹冠相庆，老百姓都拍手称快，没有一个可怜他的！可怜他为秦国付出了这么多，却落个这样的田地！唉，我真替他不值啊！

史官赵生

是啊，秦孝公卧病在床的时候，以他的权力和地位，他完全可以接受孝公的禅让，也可以利用手中的权力废掉太子，重新立一个听他话的新太子，或者把嬴驷的老师和心腹都杀掉，或者在自己的封地割据为王，或者逃到其他国家引兵报复……选择不是很多吗？

公子道

你们不懂，商鞅的理想，是建立一个以法治国的国家，用律法去规范所有人的行为。如果他选择了以上任何一种行为，最终都有可能导致秦国像以前那样重新陷入动乱，那就相当于商鞅用自己的手掐死自己的孩子，他怎么忍心毁掉呢？

王室司寇
（相当于今法官）

是啊，其实我们应该感谢商君，是他用自己的生命，换取了秦国政权的和平过渡。虽然他死了，但是他确实改变了秦国，秦人会永远记住他的！

狱卒大牛

越越（简称越）大嘴记者

秦惠文公嬴驷（简称惠）特约嘉宾

嘉宾简介：秦孝公之子，秦国崛起的关键人物。他继位后做的第一件事，就是以谋反为名除掉了商鞅，却仍然从大局出发，继续推行商鞅的变法，保留了父亲留下来的政治遗产。睿智尚武的他，打算引领大秦书写新的华彩篇章。

越：大王……

惠：您是打算来跟我讨论商鞅之事吗？

越：呃，大王英明，请问商鞅真的谋反了吗？

惠：事实不是明摆着吗？

越：那就奇怪了，既然他早就觊觎国君的宝座，为什么不趁孝公病重的时候谋反，而非要等您坐稳了国君之位再来谋反呢？

惠：哼，无论他是不是有不臣之心，反正他是把大秦上上下下得罪光了，就算是我不杀他，别人也会要他的命！

越：那您为什么不能像您父亲一样保护他呢？

惠：我自己也才刚刚继位，屁股还没坐热，怎么能为了他去得罪大秦的子民呢？

越：就算不能保护他，看在他为大秦立了功的分上，您也可以放他一条生路吧？

惠：像当初的魏惠王那样吗？我可没那么傻！像他这么有能耐的人，如果不能为我所用，就更不能为别国所用了。

越：那他横竖是个死了？

惠：可以这么说吧。所以，与其

让别人杀了他，还不如我来结果了他。这样，我既铲除了商鞅这个威胁，收回了大权，又笼络了人心，稳定了政局，可说是一石二鸟。

越：好吧，现在商鞅死了，贵族们总算出了口恶气，您想要的效果都已经达到了。不知您接下来有什么打算呢？

惠：接下来，当然是继续推行我大秦之法了！

越：大秦之法？那不就是商鞅制定的……

惠：你怎么也和街边的妇女小孩一样，只知是商鞅之法！若没有我父王，商鞅去哪儿变法？变法怎么可能成功？

越：对，对，对……你瞧我，今天总是说错话。

惠：嗯，我大秦能有今天，变法功不可没，我有责任守住它，不能让这些成果毁在我的手中。

越：想不到大王还挺有忧患意识的。

惠：那是当然。"创业容易守业难"，春秋时期的齐桓公、晋文公都很厉害吧？但他们一死，齐国和晋国就走下坡路了。

越：唉，怪只怪他们的后代不争气。

惠：这只是一个方面，归根结底，是这些国家缺少始终如一的政策，没有像我大秦这样强有力的律法。

越：这么说来，您很认可新法了？

惠：那是当然！新法的成果是显而易见的，变法也已经在秦国生根发芽，我要想不重蹈齐国、晋国的覆辙，就必须坚定不移地沿着这条路走下去！

越：真是如此，商君……噢，不，先王在九泉之下，也会深感欣慰了！谢谢您接受今天的采访。

广告小铺

各国诸侯朝贺新君

值大秦新君即位之际，楚、韩、赵、蜀等国纷纷派来使者表示祝贺，他们高度评价了秦国这些年在变法中取得的巨大成就，并表示他们愿意与秦人一起团结合作，为秦国百姓和各国百姓建设更美好的未来。

大秦对外办

国君冠礼通知

国君（指秦惠文公）嬴驷明年（指公元前335年）就要满二十二岁了，按照大秦制度，国君须举行冠礼（即成人礼）仪式后，方可正式亲政。请各相关人士做好准备工作，迎接这一重要时刻。

国君冠礼筹备中心

统一铸造"半两钱"

为规范货币市场，推动我国经济发展，即日起，由国家统一铸造并发行"初行钱"。初行钱为青铜所制，圆形方孔，重约半两（约8克），也叫"半两钱"。严禁朝廷之外的任何人私自铸造钱币，违令者斩。

秦国铸币办

相王通告

公元前334年，魏惠王和齐威王在徐州（今山东滕州东南）会盟，互相尊对方为王。特此公告。

徐州相王大会筹备会

百年霸主之路

商鞅变法

穿越必读 CHUANYUE BIDU

　　商鞅虽死，但秦国依靠商鞅变法打下的基业，在之后一百多年的时间里，先后灭掉韩国、赵国、魏国、楚国、燕国、齐国，统一天下，建立了中国历史上第一个大名鼎鼎的封建王朝——秦朝。

秦国第一个"王"

——来自秦国咸阳的快报

（本报讯）与父亲相比，秦惠文公就幸运多了。

即位第二年，周天子便派人送来了尊贵的王室祭肉，以示祝贺，秦人知道后都振奋不已，因为这意味着——秦国终于凭借自己的真本事，得到了与中原诸侯相同的礼遇啦！

年轻的嬴驷信心满满，继续推行新法，并向东进攻魏国。

秦军也不负所望，不断传来胜利的消息。其中最好的一次战绩是歼灭八万魏军主力，俘虏了魏国名将龙贾。

短短三年，秦国不仅夺回了被魏国占据近百年之久的河西之地，还占据了原本属于魏国的上郡十五县，在黄河的东边建立了根据地。

之后，嬴驷又派兵平定了西北部最强大的少数民族义渠，将其改为秦国的一个县，从此拥有了大片的牧场和战马资源。

有了这么多辉煌的战绩，公元前325年，嬴驷也仿照其他国君，摘掉了"公"的帽子，正式称王（史称秦惠文王）。

自此，秦国第一个"王"便诞生了！

来自秦国咸阳的快报！

苏秦"合纵"，张仪"连横"

秦国的强大，引起了其他六国的恐慌。

这时，一个叫苏秦的人提出：六国要团结起来，共同对抗秦国！也就是"合纵"。

他先后成功地说服了燕国、赵国、韩国、魏国、齐国以及楚国，以致秦国十五年都不敢出来跟六国对着干。

这时，秦国的相国张仪却跟苏秦唱起了反调，他说，秦国太强大了，无论哪个国家，只有依赖秦国，跟秦国联盟，去对付其他国家，才能取得胜利。这就是"连横"。

张仪和苏秦一样，出身寒微，也是鬼谷子先生的门生，他知识渊博，口才也非常了得。

齐、楚结盟之后，张仪来到楚国，先给楚王最宠信的大臣靳尚等人送去了很多金银珠宝，然后才去拜见楚怀王。

他说："秦王非常欣赏您，特意派我来跟楚国结盟。只要楚国与齐国绝交，秦王愿意将商於之地，大约六百里土地送给楚国。"

楚怀王本来就是个贪心鬼，一听秦国要送他六百里土地，乐得合不拢嘴，说："好，好，好，我马上去跟齐国绝交。"

这时，朝中有人反对说："现在秦国不敢动咱们，就是因为有齐

有钱能使鬼推磨！

国在。要是大王跟齐国绝交，秦国还会怕咱们吗？到时候，他们一定会出尔反尔。如果秦国真打算给我们土地，我们可以派个人先去接受，等土地到手，再与齐国绝交也不迟！"

这时，靳尚站出来说："你们说得轻巧，不跟齐国断交，秦国会把六百里地白白送给我们吗？天下没有免费的午餐！"

楚怀王一听觉得这话有理，一面跟齐国绝交，一面派人跟着张仪去秦国接收土地。

而齐宣王见楚国与齐国绝交，非常生气，马上也与秦国结交，打算一同进攻楚国。

等到楚国派人跑来秦国索要土地时，张仪却翻脸不认账了，说："什么六百里地？只有六里土地，你们要的话就拿去吧。"

这不是打发叫花子吗？使者报告后，楚怀王气得直翻白眼，下令发兵十万攻打秦国。结果秦国和齐国联合起来，把楚国打得落花流水，楚国十万人马只剩了两三万，连汉中六百里的土地也被秦国夺走了。

之后，张仪又前往其他四国进行游说，慢慢地，六国"合纵"联盟被张仪拆散了。

我翻脸比翻书还快！

"远交近攻"，范雎献策

编辑老师：

您好。最近有消息说，秦国要出兵攻打齐国。唉，真不知道这是谁出的馊主意。

这齐国离秦国这么远，中间还隔着魏国、韩国。要是派去的兵马少了，就无法打败齐国，甚至还可能被齐国打败；派去的兵马多了，国内可能就会出乱子。就算是打赢了，齐国的土地又不能和秦国连接，以后怎么管呢？

依我看，秦国最好采用"远交近攻"的办法，与齐国、楚国这些远一点的国家结交，向韩国、魏国这些近一点的国家进攻。离着远的国家因为跟秦国有交情，就不会管别国的闲事。近一点的国家打下来，不就是秦国的地盘了吗？等魏国、韩国这些国家打下来后，还怕齐国、楚国打不下来吗？

唉，只可惜我不是秦国人，又得罪了魏国宰相，无法脱身，不然我真想去秦国和秦王探讨一番。

魏国人 张禄

张先生：

您好！其实我知道您的真名，您就是范雎先生吧！据说您是个极有才华的人，齐国为了得到您，甚至出过一百两黄金。

既然您有心去秦国，我听说秦国最近又派使臣出访魏国。您看能否想办法随他一起前往秦国。要是秦昭襄王愿意采纳您的意见，秦国要统一中原，也不是什么难事了。

编辑 穿穿

公元前271年，范雎随秦国使臣来到秦国，被秦昭襄王拜为相国。根据范雎"远交近攻"的策略，秦国击破了六国的合纵势力，扩大了疆域，变得更加强大了。

百姓茶馆
BAIXING CHAGUAN

横扫六国的虎狼之师

天呐，秦军在长平一战中，居然歼灭了四十多万赵军！看这架势，秦国这是要横扫六国，一统天下啊！不是说，六国的军队都挺厉害的吗？怎么打不过秦国的"虎狼之师"呢？

燕国人韩某

六国的将士杀敌再多，得到的赏金，不过区区几两。秦国就完全不同了，杀敌越多，功劳越大，赏赐越多，爵位也越高。所以，人家秦兵上了战场，看到的不是敌人，而是大把大把的金子、银子和大好前途。你说，这样的军队能不拼命吗？这都是拜商鞅所赐啊！

齐国人田某

哈哈，别看在战场上，六国之师全副武装，秦军光着膀子。但结果却是，秦兵一手提着人头，一手拽着俘虏，生猛之极！这么说吧，秦军与六国将士打仗，就好比大力士和婴儿打架，完全不是一个级别！

秦国人郁某

听说有人做了一项统计，秦国总共发动了九十三场战争，其中二十二场战争斩杀敌军一百八十一万！而六国加在一起发动的战争是三十八次，还不到秦国的一半！从现在开始，大家不能掉以轻心了啊！

魏国人吴某

长平一战后，秦国放眼天下再无对手，开始进入进攻阶段。

秦始皇一统天下

> 我的未来
> 不是梦！

秦昭襄王活到七十五岁才去世，但他之后的两位国君却都是短命鬼，短短四年就双双去了阴曹地府。

公元前247年，十三岁的嬴政接过了祖辈打下来的江山，政权却落入丞相吕不韦的手中。九年后，二十二岁的嬴政在故都雍城举行了成人加冕仪式，正式登基，亲自主理朝政。

这时候，其他六国都已衰败，只有秦国蒸蒸日上。嬴政也有了一个比祖辈更大的梦想，那就是——一统天下！

他任用贤才，训练军队，继续采用"远交近攻"的策略，笼络燕、齐，稳住魏、楚，攻打韩、赵，逐步削弱他们的势力。

公元前230年，秦军渡过黄河，灭了韩国。

公元前228年，秦军攻占赵国，赵王投降。

公元前226年，秦军攻占燕国的都城——蓟（今北京市）。

公元前225年，秦军灭了魏国、楚国。

公元前222年，秦军灭了代国，俘虏燕王。

不到十年工夫，秦国就灭掉了好几个国家。到最后，六国之中只剩下一个齐国。

这是因为，无论是张仪的"连横"，还是范雎的"远交近攻"计策下，秦国早就与齐国结成了兄弟之邦。

所以，当秦国攻打其他诸侯国时，齐王也没有插手，早就丧失了警惕，他的兵也好多年都没有打过仗了。

等到秦军气势汹汹地进入齐国，齐王想到要向另外五国求救时，已经晚了，五国早就完蛋了！秦军一路如入无人之境，短短几日，就包围了齐国都城——临淄。没办法，齐王只好带着文武百官出城投降，齐国也灭亡了。

我真的还想再活500年！

自此，诸侯混战的战国时代宣告结束，秦国统一天下。中国历史上第一个统一的封建王朝——秦朝建立起来了！

越越（简称越）大嘴记者

秦始皇嬴政（简称政）特约嘉宾

嘉宾简介： 他花费仅仅数十年的时间，统一天下，开创了中国历史上第一个大一统的国家——大秦帝国。他自认德兼三皇、功盖五帝，所以自称"皇帝"，也就是"始皇帝"。

越：嬴兄，您好！

政：哈哈，敢这么叫我的，你小子是第一人！

越：统一中国的，您也是第一人呀！放眼天下，谁的功劳比您的还大呢？即使是上古的三皇五帝也没您厉害呢！

政：那是当然。所以，这"王"什么的，已经不能体现我的权威了，想来想去，只有"皇""帝"最尊贵，也最适合我。

越：那作为中国第一个被称作皇帝的人，请问您有什么话想对大家说吗？

政：首先，我要感谢自献公以来的七位国君，是他们这些"前人"栽好了树，我这个"后人"才有"乘凉"的机会。

越：还别说，您的这些"前人"，居然没有一个是昏君！

政：说到这个，我第二个要感谢的就是某个人。正是因为他，秦国才真正做到了"天子犯法，与庶民同罪"，所以这些"前人"才不敢任性妄为，个个都是明君。

越：您说的某个人是商鞅吗？

政：没错，秦国能统一天下，商鞅功不可没。

越：看来陛下比较推崇商君啊！

政：岂止推崇，我觉得，商君简直就是上天送给秦国的天使！光一条，我们秦国国君就应该感谢商鞅一万遍！

越：噢，哪一条？

政：商君规定秦国不设大将军，行军打仗只能听命于国君。

越：哦，怪不得名将白起虽然功劳很大，但也被昭襄王一纸命令逼得自杀了。

政：嗯，从此国君再也不用担心武将功高震主，会威胁自己的地位了！

越：既然商君功劳这么大，昭襄王为什么不给商君翻案呢？

政：功是功，过是过。首先，商君确实谋反了，这是事实；其次，商君权势滔天，给他翻案，不是鼓励臣子做他那样的权臣吗？

越：那您呢？您好像对商君的态度不一样？

政：我？要是我能遇上商君这样的人，那我身边所有的人都得给他让位，哈哈。

越：听您这么说，您会继续重用法家吗？

政：会，当然会！我会在整个天下推进秦法。比如，取消分封，统一度量衡，推行郡县制，加强皇权，等等。

越：那要是有人出来反对怎么办？

政：你是说那些儒生吧？那些儒生，满口的仁义道德，没几个真正能成事的！他们要是胆敢出来反对，我就烧了他们的书，要他们无书可读！

越：哈哈，这点您和商鞅还真是挺一致的！

政：那是当然了！我可是他的粉丝。今天聊太久了，我国事繁忙，下次有机会再聊吧！

越：好的，大王！哦，陛下！再见！

135

广告小铺

五国相王

为对抗齐、秦、楚三国联盟，魏、赵、韩、燕、中山五国将于公元前223年在啮桑（今江苏沛县西南）召开"五国相王"大会，互相承认对方的王位。也就是说，即日起，大家都有资格称"王"了。

相王大会筹备会

致蜀王

尊敬的蜀王，我打算送五头会拉金子的牛给您，但这牛身体过于庞大，而蜀道过于艰难，我们送不过去，只能劳烦贵国派人来我国自取了。

秦惠文王

蜀国为了把金牛拉来，命人修了一条路。结果，秦兵顺着这条路攻入蜀国。存在了七百二十九年的蜀国，就此灭亡。

天下从此是一家

陛下有令，即日起，七国之间的壁垒和城墙统统拆除！从此后，七国百姓说一样的话，用一样的文字，大家只有一个统一的、共同的家，那就是——大秦帝国！

大秦帝国

保留卫国国号

现在卫国只有宗庙，没有地盘，对秦国也一直忠心耿耿，而且卫国人商鞅及吕不韦对秦国的发展做出了卓越的贡献，不如就保留卫国的国号及宗庙吧。其他诸侯国只要老老实实投降，秦国也不会为难大家。但若是冥顽不化，那就休怪我大秦不客气了！

大秦政府

公元前209年，卫国国君被秦二世废为庶人，卫国彻底灭亡。

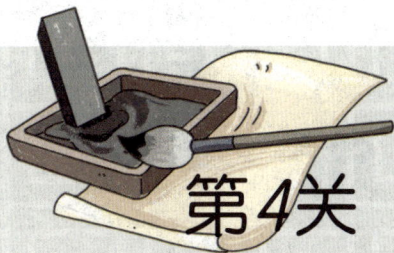

智者无敌

王者为大

第4关

1. 卫鞅为何被称为商鞅？

2. 列侯位于秦国军功等爵制的第几级？

3. "五羖大夫"是指谁？

4. 商鞅的代表作是哪部？

5. 秦国在岸门大捷中俘虏了哪位魏将？

6. 秦孝公死后，反对派以谁为首，开始攻击商鞅？

7. 商鞅是在哪个诸侯国被杀死的？

8. 秦国国君秦惠文公在什么年龄举行了冠礼仪式？

9. 秦国统一的半两钱大约是多少克？

10. 在徐州会盟、互尊对方为王的是哪两位国君？

11. "合纵"和"连横"是什么意思？

12. 蜀国是被哪位秦王灭掉的？

13. "远交近攻"的策略是谁提出来的？

14. 秦国在统一六国的战争中，最后灭掉的是哪个诸侯国？

15. 除秦国以外，哪个诸侯国存在时间最久？

智者为王答案

第 1 关答案

1. 韩、赵、魏。
2. 秦国、齐国、楚国、燕国、韩国、魏国、赵国。
3. 李悝。
4. 《法经》。
5. 楚国。
6. 儒家。
7. 无为而治。
8. 墨家。
9. 魏国。
10. 中庶子。
11. 魏惠王。
12. 魏国。
13. 秦穆公。
14. 秦献公。
15. 《招贤令》。

第 2 关答案

1. 第四次。
2. 霸道是指春秋五霸治理国家的方法，也就是依靠国家的力量去征服天下。
3. 甘龙，杜挚。
4. 《垦草令》。
5. 嬴驷。
6. 因太子年纪小，处罚了太子的两位老师。
7. 公孙贾。
8. 卫鞅。
9. 公元前356年。
10. 景监。
11. 管仲。
12. 左庶长。
13. 儒家。
14. 二十个。
15. 两年。

第❸关答案

1. 孙膑。
2. 元里。
3. 大良造。
4. 邯郸。
5. 崤山长城。
6. 咸阳。
7. 十七岁。
8. 桂陵之战和马陵之战。
9. 县制。
10. 井田制。
11. 公子虔。
12. 韩昭侯。
13. 马陵之战。
14. 韩国。
15. 公子卬。

第❹关答案

1. 因为他的封地在商。
2. 第二十级。
3. 百里奚。
4. 《商君书》
5. 魏错。
6. 公子虔。
7. 郑国。
8. 二十二岁。
9. 8克。
10. 魏惠王和齐威王。
11. "合纵"是指六国联合起来，共同对付秦国。"连横"与"合纵"相对应，是指秦国与六国分别结盟，以瓦解六国联盟。
12. 秦惠文王。
13. 范雎。
14. 齐国。
15. 卫国。

商鞅生平大事年表

时间	年龄	大事记
约公元前390年	一岁	出生在卫国，公孙氏，名鞅，亦称卫鞅。
公元前361年	三十岁	公孙痤向魏惠王推荐商鞅失败。
公元前360年	三十一岁	商鞅来到秦国，与秦孝公相见。
公元前356年	三十五岁	秦孝公任命商鞅为左庶长，开始第一次变法。
公元前354年	三十七岁	赵国进攻卫国，魏国派兵包围赵国首都邯郸。秦国趁机偷袭魏国，大败魏军，占领少梁。
公元前353年	三十八岁	魏国攻破邯郸，赵国向齐国求援，在桂陵一战魏国被齐国击败。楚国也派兵援赵，夺取魏国睢水、濊水之间的土地。
公元前352年	三十九岁	魏国国内空虚，秦孝公任命商鞅为大良造，率兵夺取魏国旧都安邑。魏国派人修建崤山长城来阻止秦军进攻。
公元前351年	四十岁	商鞅率兵包围并占领固阳。
公元前350年	四十一岁	秦国迁都咸阳，商鞅开始第二次变法。
公元前340年	五十一岁	商鞅率领秦军俘虏公子印，智取河西。秦孝公封他为列侯。
公元前338年	五十三岁	秦孝公病死，商鞅被杀。